新时代教育评估监测文库

学生全息智能评价：基础理论与实施设计

XUESHENG QUANXI ZHINENG PINGJIA:
JICHU LILUN YU SHISHI SHEJI

刘云生等 ◎ 著

西南师范大学出版社
国家一级出版社 全国百佳图书出版单位

图书在版编目(CIP)数据

学生全息智能评价:基础理论与实施设计 / 刘云生 等著. — 重庆:西南师范大学出版社,2021.3
ISBN 978-7-5697-0786-1

Ⅰ.①学… Ⅱ.①刘… Ⅲ.①学生 – 教育评估 – 研究 Ⅳ.①G449.7

中国版本图书馆CIP数据核字(2021)第050295号

学生全息智能评价:基础理论与实施设计

刘云生 等著

责任编辑:杜珍辉
责任校对:段小佳
装帧设计:汤　立
排　　版:杜霖森
出版发行:西南师范大学出版社
　　　　　地　　址:重庆市北碚区天生路1号
　　　　　邮　　编:400715
　　　　　本社网址:http://www.xscbs.com
　　　　　电　　话:(023)68254356
经　　销:全国新华书店
印　　刷:重庆荟文印务有限公司
幅面尺寸:170mm×240mm
印　　张:12.25
字　　数:160千字
版　　次:2021年3月 第1版
印　　次:2021年3月 第1次印刷
书　　号:ISBN 978-7-5697-0786-1

定　　价:50.00元

编委会
EDITORIAL BOARD

主　任　刘云生（重庆市教育评估院 书记、院长）

副主任　沈　军（重庆市教育评估院 副书记、副院长）

成　员　冯友余（重庆市教育评估院 办公室主任）

　　　　陈瑞生（重庆市教育评估院 教育评价研究与数据中心主任）

　　　　胡　方（重庆市教育评估院 基础教育评估所所长）

　　　　黄承国（重庆市教育评估院 职业教育与成人教育评估所所长）

　　　　董小平（重庆市教育评估院 高等教育评估所所长）

　　　　何怀金（重庆市教育评估院 教育质量监测中心主任）

总序

ZONGXU

古代典籍《周易》中说："凡益之道,与时偕行。"东晋葛洪《抱朴子·钧世》进一步说："时移世易,理自然也。"顺时而变,是人的自然本色;因世而变,是人的社会选择。正是因为"自然本色+社会选择",人类因此而存续至今并接续前行。

当今世界正处于百年未有之大变局中,科技革命风起云涌,经济版图历史位移,社会结构深度调整,中国特色社会主义进入新时代,教育进入高质量发展新阶段。新中国成立以来第一个关于教育评价系统性改革的纲领性文件《深化新时代教育评价改革总体方案》出台,拉开了新时代教育评价改革的大幕,教育评估监测如何"与时偕行"? 成为我们必须回答的时代命题,也是必须解决的紧迫问题。

历史是一面透镜,既可以透视现实,也可以展望未来。纵观教育评价历史,我国在古代遥遥领先,早在隋代就确立了科举制度,并且绵延1300多年,直到清代才从形式上宣告结束,其思想、文化和制度等对世界的广泛影响至今仍在,"像雾像雨又像风"。但就现代教育评价而言,西方发达国家则走在世界前列,发端于19世纪末的现代教育评价大体经历了四代:第一代是以工具导向、测量为标志的评价;第二代是以目标导向、描述为特征的评价;第三代是以决策导向、判断为特征的评价;第四代是以价值导向、共建为特征的评价。这些探索为我国新时代教育评价改革提供了绵延而厚重的历史考据。

然而,"往事越千年""他乡未必江山美",如今已"换了人间"。无论是我国古代的科举考试，还是西方现代的教育评价，都因其历史的局限性和时代的差异性，难以满足当代中国教育改革发展的需要，难以肩负起实现教育现代化、建设教育强国、办人民满意教育的历史重任，都不足以解决当今中国教育评价问题，在克服"唯分数、唯升学、唯文凭、唯论文、唯帽子"等顽瘴痼疾上难有大作为。

新时代、新世界、新使命，需要新理论、新方案、新作为。《深化新时代教育评价改革总体方案》明确提出新目标，"到2035年，基本形成富有时代特征、彰显中国特色、体现世界水平的教育评价体系"。这也为我国教育评价改革指明了新方向，提出了新课题。教育评估监测作为教育评价中主要针对机构、群体、实践等对象的系统板块，也必然要"终日乾乾，与时偕行"，不断探寻新理念、建构新体系、创造新范式。这正是重庆市教育评估院推动出版《新时代教育评估监测文库》的初心所在、宗旨所在、使命所在。

《新时代教育评估监测文库》是新时代教育评估监测理论与实践研究成果的文库。一是围绕教育评估监测改革发展全局性、前瞻性、战略性、规律性问题和人民群众关心的突出问题，组织开展系统性专题研究，推出一批学术精品。二是围绕教育评估监测重大理论和现实问题开展研究，积极探索教育发展规律，推动国际比较研究，形成创新性理论研究成果，以科学理论指导教育评估监测改革实践，推进教育评估监测学科建设，优化评估监测工作。三是建立健全文库出版机制，形成教育评估监测从内向外的展示文化与从外向内的涵养文化，打造教育评估监测文化标识，提升文化润泽力与开放融合力，形成评估监测品牌。

《新时代教育评估监测文库》以"3+N"为基本内容架构，"3"即评估类、监测类、认证类三大板块，"N"则由若干研究项目构成。其出版坚持统筹谋划与分步实施相结合、理论创新与实践经验相结合、质量第一与效率优先相结合的原则，"成熟一本，出版一本"，以滚动的方式不断推出评估监测精品力作，以形成新时代教育评估监测的理论和实践成果，奉献给教育评估监测界同仁研讨，供广大教师、教育管理者，乃至家长和社会人士参阅。

《新时代教育评估监测文库》是一个开放的文库，虽由重庆市教育评估院发起、组织和推动出版，但并非局限于重庆市教育评估院研究人员的作品，真诚欢迎海内外学人参与文库编写工作，提供好著作，入列新文库，携手共建富有时代特征、中国特色与世界水平的教育评估监测体系。

大时代，大变革。长风破浪"正当时"，直挂云帆济沧海。教为天下，育为大同！评为匡教，估为育人！愿《新时代教育评估监测文库》成为这个伟大时代、伟大变革浪潮中的弄潮儿，为新时代教育改革的巨轮踏浪前行问一些道，探一些路，为中华民族伟大复兴和人类命运共同体建设奉献教育评估监测人的赤子之心！

时代虽巨，其势微行聚成！浪花虽小，其心晶莹剔透！文库虽稚，其字心血凝灌！在此向为《新时代教育评估监测文库》出版付出努力的所有人致以敬意！

教育虽成行业，并非学校所限！评估虽需专业，并非只有专人所为！监测虽贯全程，并非机械所为！寰宇之内，所有人都可以是评估监测者！向有缘阅读文库的所有读者问安道好！

沧海横流，方显英雄本色。让我们迎着新时代的阳光和雨露，向教育评价这一"世界难题"、教育改革"最硬的一仗"进军，不负韶华，携手前行，一起建设属于我们这个时代的教育评估监测体系！

是为序。

刘云生

2021年4月29日于重庆彩云湖畔

目录

CONTENTS

▶ 引言 ·· 1

▶ 第一章　研究设计 ·· 7
　　一、研究背景 ··· 7
　　　（一）高质量教育体系建设的必然要求 ························ 7
　　　（二）教育评价理论实践创新的迫切需要 ····················· 8
　　　（三）新时代人才培养质量的根本保障 ························ 9

　　二、研究意义 ·· 10
　　　（一）丰富学生评价内涵 ·· 10
　　　（二）扭转评价功利化倾向 ·· 10
　　　（三）引领教育教学改进 ·· 11
　　　（四）推动考试招生制度改革 ····································· 11

　　三、文献综述 ·· 11
　　　（一）全息理念的研究概述 ·· 11
　　　（二）学生评价的研究概述 ·· 13
　　　（三）智能评价的研究概述 ·· 19

　　四、研究思路 ·· 22
　　　（一）研究问题 ·· 22
　　　（二）研究思路 ·· 23
　　　（三）研究方法 ·· 24

　　五、创新点 ·· 24
　　　（一）建立多因素信息场域的学生评价 ······················ 24
　　　（二）面向2035探索未来的学生评价 ······················· 25
　　　（三）运用全息思想研究的学生评价 ·························· 25

第二章　概念界定 ……27

一、核心概念 ……27
（一）学生 ……27
（二）全息 ……27
（三）智能评价 ……28
（四）学生全息智能评价 ……30

二、内涵解读 ……31
（一）突出学生发展的价值导向 ……31
（二）突出全息系统的证据导向 ……33
（三）突出技术支撑的智能评价 ……36
（四）突出主体增值的结果导向 ……36

三、本质特征 ……38
（一）全纳性 ……38
（二）全息性 ……38
（三）全程性 ……38
（四）全员性 ……39

第三章　实施框架 ……41

一、理论基础 ……41
（一）哲学基础：人的全面发展理论 ……41
（二）方法论基础：全息理论 ……43
（三）心理学基础：多元智能理论 ……44
（四）教育学基础：核心素养理论 ……46
（五）技术基础：人工智能理论 ……48
（六）评价学基础：教育评价理论 ……50

二、理论模型 ……52
（一）模型构建 ……52
（二）要素分析 ……56

第四章　尺度建构 ··· 73
一、概念体系 ·· 73
（一）学生全息智能评价尺度的内涵解读 ······························· 73
（二）学生全息智能评价尺度的关系分析 ······························· 75
（三）学生全息智能评价尺度的本质特征 ······························· 79

二、内容体系 ·· 83
（一）共性体系：基础素养 ·· 84
（二）个性体系：高级素养 ·· 85

三、标准体系 ·· 88
（一）学生全息智能评价的内容标准构建 ······························· 88
（二）学生全息智能评价的工作标准构建 ······························· 94

第五章　技术路线 ··· 101
一、平台建设 ·· 101
（一）学生信息大数据库的建立 ·· 101
（二）云计算中心的构建 ··· 103
（三）智能评价平台的打造 ·· 103

二、技术支撑 ·· 110
（一）可行性分析 ·· 110
（二）主要技术运用 ··· 112

三、实现路径 ·· 137
（一）信息采集全息化 ·· 138
（二）数据存储快速化 ·· 139
（三）信息处理精准化 ·· 140
（四）评价结果可视化 ·· 140
（五）评价应用全面化 ·· 143

第六章　组织管理 … 145
一、评价实施 … 145
（一）构建学生全息智能评价制度体系 … 145
（二）制定学生全息智能评价实施细则 … 148
（三）开展学生全息智能评价探索实践 … 151
（四）做好学生全息智能评价工作保障 … 156

二、运行管理 … 158
（一）硬件平台的运行管理方式 … 158
（二）评价数据的管理方式 … 159
（三）评价结果的生成方式 … 160
（四）评价结果的反馈方式 … 160

三、风险防控 … 161
（一）评价系统运行基础风险管控 … 161
（二）评价数据信用缺失风险管控 … 162
（三）评价系统应用效率风险管控 … 163
（四）评价系统信息泄露风险管控 … 163

第七章　政策保障 … 167
一、政策基础 … 167
（一）国外政策基础 … 167
（二）国内政策基础 … 170

二、实施障碍 … 176
（一）顶层设计尚需建构 … 177
（二）主体责任待需明晰 … 177
（三）数据安全亟需立法 … 178
（四）伦理基础还需加强 … 179

三、机制保障 … 179
（一）加强顶层设计 … 180
（二）促进多元参与 … 180
（三）保障数据安全 … 181
（四）夯实伦理基础 … 182

引言

YINYAN

习近平总书记在全国教育大会上指出:"要深化教育体制改革,健全立德树人落实机制,扭转不科学的教育评价导向,坚决克服唯分数、唯升学、唯文凭、唯论文、唯帽子的顽瘴痼疾,从根本上解决教育评价指挥棒问题"。中共中央、国务院印发的《深化新时代教育评价总体方案》开篇强调,教育评价事关教育发展方向,有什么样的评价指挥棒,就有什么样的办学导向。要扭转唯分数、唯升学等不科学的教育评价导向,确立以德为先、能力为重、全面发展的科学育人导向,为党育人、为国育才。

改革开放以来,我国在学生评价上推进了一系列改革,尽管取得一些成绩,但是依然存在评价目的以选拔为主而非促进学生成长,评价标准以智力为主而非指向综合素质,评价手段以应试为主而非全面评价,评价技术以标准化为主而非智能化。随着育人方式的改变,评价目的和评价内容必然发生巨大变化,同时,新技术的崛起,互联网、大数据技术的发展又为评价手段和评价技术提供了更多的可能。本研究就是立足于新时代背景,探索一种以促进学生终身成长为根本目的、以全面综合发展为基本标准、以学习成长全息数据为基础依托、以信息化智能化为重要手段的评价体系,即学生全息智能评价。这是落实《深化新时代教育评价总体方案》所规划的"创新评价工具,利用人工智能、大数据等现代信息技术,探索开展学生各年级学习情况全过程纵向评价、德智体美劳全要素横向评价"的具体举措。因其"纵向评价"与"横向评价"融合,学生全息智能评价也可以称为学生立体评价。

本研究按照"是什么——为什么——做什么——怎么做"的逻辑路径层层展开，对学生全息智能评价的基础理论和实施进行了框架设计。

一、研究理论体系，界定学生全息智能评价的内涵及实施框架

通过对研究背景与研究意义的阐释，并结合已有研究，梳理出"全息""智能""全息智能评价""学生全息智能评价"等概念群落，界定学生全息智能评价的内涵及实施框架，回答"是什么"和"为什么"的问题。

一是分析学生全息智能评价的内涵与外延。作为全息理念、智能技术与学生综合素质评价的深度融合，学生全息智能评价是以人的全面发展为导向，以新技术为支撑，以大数据为依托，基于学生从学前教育到高中毕业全学段，包含家庭、学校、社会全场域，涵盖德智体美劳全方面的成长信息，运用云计算、AI等智能化手段实现"全面性"质量监测、"全员性"主体观照、"全方位性"数据搜集、"全域性"督导跟踪的科学的综合评价活动。

二是构建学生全息智能评价的实施模型。模型的核心模块分成：数据采集、数据处理与分析、结果呈现与使用、价值体现四个部分。学生全息智能评价数据的采集强调全方位、全过程，数据采集后，根据数据分析模型进行分析挖掘，为学生个体和群体进行数字画像，从而客观分析学生综合素质发展状态。数据分析结果通过数据可视化的方式，提供给不同的利益相关者，便于学生、教师、家长、学校、政府能清楚地了解教育发生了什么、学生学习发展情况、学生全息评价结果。最后，把基于大数据的学生全息智能评价结果及时应用于个体生涯规划、教学改革、家庭教育、学校管理和办学服务提升、高校分类遴选和持续跟踪培养、教育决策等方面。

二、研究范畴体系，分析学生全息智能评价的尺度建构

学生评价尺度不是简单的衡量事物的量度，而是事物全部的规定性。

通过对学生全息智能评价的尺度进行建构,深入回答全息智能评价究竟测什么,以怎样的标准测,解决"做什么"的问题。

一是建构了学生全息智能评价的内容体系。可划分为共性评价体系与个性评价体系。共性体系的评价内容即学生全面的基础素养,对学生思想道德、科学文化、身心健康、劳动审美等方面的基本知识和基本技能的掌握情况、行为过程与结果进行评价。个性体系即学生的高级素养,包括学生独立思考、逻辑推理、信息加工、学会学习、语言表达和文字写作的素养,终身学习的意识和能力,合作能力、创新能力、职业能力,动手实践和解决实际问题等能力。

二是建构了学生全息智能评价的标准体系。从学生的成长环境、校内发展、校外拓展三个方面进行分析。成长环境的评价标准包括政治环境、社会文化环境、家庭环境、学校环境等,通过将这些环境中的数据,纳入到全息智能评价中,更为全面地反映学生的成长环境。校内环境的评价标准包括品德发展水平、学业发展水平、身心发展水平、兴趣特长养成、学业负担5个维度。校外拓展的标准包括对积极事件和消极事件的评价标准。

三、研究技术体系,架构学生全息智能评价的平台建设

随着计算机以及网络技术的发展,云计算、人工智能等新兴信息化技术为学生评价的数据采集、数据分析、数据反馈等阶段提供了崭新的手段,对学生评价的技术路线进行研究,分析如何通过技术实现学生全息智能评价,回答"怎么做"的问题。

一是架构学生全息智能评价的平台。一方面要通过建立统一的数据接口、制定统一的数据标准、完善数据安全防护等方式建立学生信息大数据库,解决数据孤岛的问题。同时,大数据时代的到来,对学生海量数据的处理提出了更高的需求,需要构建具有资源配置动态化、需求服务自助化、网

格外的便捷化、服务可计量化、资源虚拟化等特点的云计算中心，实现各区域、学校所有学生动态数据的实时采集，为学生评价大数据的汇集融合、高效运算、分析挖掘及教育应用的开发与运行提供基础支撑。更重要的是，在大数据库和云计算中心的基础上，需要打造一个智能评价平台，集数据采集、分析、预警及反馈功能于一体。保证学生评价的高效性、科学性和精准性。

二是分析学生全息智能评价的技术实现路径。依托数据采集平台，利用现代测评技术，实现学生信息采集全息化；依托学生信息大数据库，利用数据存储技术，实现学生数据存储快速化；依托数据清理和分析平台，利用数据挖掘技术，实现学生信息处理精准化；依托个性化推荐预警平台，利用数据呈现技术，实现学生评价可视化；依托评价结果反馈平台，利用数据反馈技术，实现学生评价应用全面化。

四、研究实践体系，规划学生全息智能评价的组织管理和政策保障

结合现有招生考试制度及基础，对学生全息智能评价的组织管理和政策保障进行系统设计，充分研判实施过程中可能出现的各种风险，为学生全息智能评价的组织实施提供保障。

一是设计学生全息智能评价的实施及运行管理模式。构建学生全息智能评价的制度体系、评价实施细则，在全面策划的基础上，开展学生全息智能评价工作实践，做好学生全息智能评价保障。在这之中，最为重要的是要建立专业运行团队，建设学生全息智能评价平台并做好运行管理；要利用先进的技术手段，充分研判学生全息智能评价实施过程中的各种风险，为学生全息智能评价的落地提供可能。

二是设计学生全息智能评价的政策保障。学生全息智能评价要真正落地，需要国家专项政策支撑、配套政策支持。对国内外政策基础进行深入研

究后,分析目前存在的政策障碍,对学生全息智能评价的政策进行顶层设计,提供相应的政策建议,为未来相关政策的出台提供准备。

研究学生全息智能评价是适应新时代教育高质量发展,培养担当民族复兴大任一代新人的需要,具有重要的价值和意义。一是有助于丰富中国特色学生评价体系。从世界范围来看,从宏观评价转向微观评价,从升学评价、就业评价转向发展评价,从主观评价转向客观评价,从人工评价转向智能评价是教育评价改革发展的大趋势。立足于我国民族特色、社会需求等教育实践土壤,开展学生全息智能评价,将教育评价改革的创新付诸实践,将全息思维、互联网思维、大数据思维与教育评价深度融合,有利于丰富学生综合素质评价的内容,完善学生评价的理论、标准、实践体系。二是有助于扭转教育功利主义倾向。开展学生全息智能评价,以人的全面发展为导向,把促进学生健康成长作为评价的出发点和落脚点,全面记录学生的成长过程,客观展现学生的综合素质与个性特点,有利于引导全社会建立科学的教育观和质量观,引导学生认识自我与发现自我,扭转"五唯"等教育功利主义的倾向,从而培养德智体美劳全面发展的社会主义建设者和接班人。三是有助于引导教育教学改进和提质。通过学生全息智能评价,建立面向教育全体对象的实时反馈、预警体系,对学生质量、家庭教育、教师教学、学校管理等提供全方位的教育评价、诊断、实时反馈,既能及时掌握学生群体特征,也能够准确为学生个性化画像,为教育教学改进和教育行政政策制定提供科学依据。四是有助于面向2035探索未来学生评价。2035年要实现教育现代化,现代化的教育需要现代化的评价。学生全息智能评价正是奔着建立面向未来的学生评价而来,充分利用物联网、传感器获取学生数据,利用云存储、区块链技术存储学生数据,利用评估性分析、预测性分析、探索性分析等挖掘学生数据,利用可视化技术呈现学生数据,能够使学校在录取招生时,考虑不同领域、不同专业的特色需求提出个性化的人才选拔要求,借助先进技术,自动匹配学生从小学到高中、覆盖德智体美劳全方位的数据,从评价标准、选拔机制到招生录取等环节建立更加公平而科学的新型考试招生制度,进一步为推进招生考试改革奠定实践基础。

当然,评价从来都是一个复杂的话题,尽管我们对学生全息智能评价作了理论性、框架性建构,但实施学生全息智能评价才刚刚起步,需要在实践中进一步完善和提升。

第一章

研究设计

开展学生全息智能评价研究,具有深刻的研究背景、重大的研究意义,我们对此进行了深入的文献梳理和现实考察,进行了系统的设计和创新。

一、研究背景

(一)高质量教育体系建设的必然要求

当前,世界处于百年未有之大变局,科技进步日新月异,社会变革方兴未艾,中国特色社会主义进入新时代,我国教育进入高质量发展新阶段,必须着力培养既有经济头脑又有人文情怀,既有国际能力又有民族内涵,既能理解、宽容多样与差异,又能关心、热爱和平与自然的全球性人才。(邬志辉:《从教育现代化到教育全球化——全球化背景下中国教育发展面临的挑战研究》,华东师范大学出版社,2001)面对新形势、新理念、新格局、新目标、新要求,教育自身存在的问题,尤其是教育评价问题越来越制约着教育高质量发展。习近平总书记在全国教育大会上指出:"要深化教育体制改革,健全立德树人落实机制,扭转不科学的教育评价导向,坚决克服唯分数、唯升学、唯文凭、唯论文、唯帽子的顽瘴痼疾,从根本上解决教育评价指挥棒问题。"

为此,中共中央、国务院印发《深化新时代教育评价改革总体方案》,强调教育评价事关教育发展方向,有什么样的评价指挥棒,就有什么样的办学导向。要扭转唯分数、唯升学等不科学的教育评价导向,确立以德为先、能力为重、全面发展的科学育人导向,为党育人、为国育才。中共中央、国务院印发的《关于深化教育教学改革全面提高义务教育质量的意见》明确指出,要建立以发展素质教育为导向的科学评价体系,学生发展质量评价突出考查学生品德发展、学业发展、身心健康、兴趣特长和劳动实践等,强化过程性和发展性评价,建立监测平台,定期发布监测报告。这些表明,教育进入高质量发展阶段,必须着力解决评价指挥棒问题。

(二)教育评价理论实践创新的迫切需要

中共中央、国务院印发《中国教育现代化2035》,重点部署了面向教育现代化的十大战略任务,其中第八条要求加快信息化时代教育变革,主要内容是要建设智能化校园,统筹建设一体化智能化教学、管理与服务平台。国务院在《促进大数据发展行动纲要》中专门提及教育文化大数据工程,要求推动教育基础数据的伴随式收集和全国互通共享。《教育信息化2.0行动计划》指出,进入大数据、智能化领跑的信息化2.0时代,教育必须实现网络化、数字化、智能化、个性化、终身化。大数据开启了一次重大的时代转型,就像望远镜让我们遥观宇宙,显微镜让我们观察微生物一样,大数据正在改变我们的生活以及理解世界的方式。[1]大数据、云计算、智能技术为客观、公正地评估学生学习成效和发展潜质提供了全新视角,极大地简化了评价操作,将比较繁琐的终结性评价变为持续跟踪的形成性评价,提高评价实施的可行性与持续性,深度挖掘海量数据之间的横向、纵向关系,深刻揭示学生综合素质发展特点、优势、潜能与不足,极大地提高了学生综合素质评价的信度和

---

[1] Cukier K, Mayer-Schoenberger V. The rise of big data: How it's changing the way we think about the world [J]. Foreign Aff., 2013(03): 28-40.

效度。[1]人工智能技术应用于学生评价是教育评价理论实践创新的迫切需要。

(三)新时代人才培养质量的根本保障

1999年,中共中央、国务院《关于深化教育改革,全面推进素质教育的决定》最先提出"高考科目设置和内容的改革应进一步突出对能力和综合素质的考查。"2005年,教育部《关于基础教育课程改革实验区初中毕业考试与普通高中招生制度改革的指导意见》(教基〔2005〕2号)第一次提出了"综合素质评价"。[2] 2014年,国务院印发的《关于深化考试招生制度改革的实施意见》明确提出要"探索基于统一高考和高中学业水平考试成绩、参考综合素质评价的多元录取机制。"[3]中共中央、国务院印发的《国家中长期教育改革和发展规划纲要(2010—2020年)》指出,要改进教育教学评价,做好学生成长记录,完善综合素质评价,探索促进学生发展的多种评价方式。综合素质评价实施10多年来,各地陆续开展了系列探索性行动,但是实践表明,综合素质评价存在价值偏差,导致的目标与方法错位、权力分配造成的教育不公平、心理定势引发的抵制行为等深层次问题突出存在[4]。"综合素质"内涵不明确,评价功能迷失、评价技术落后、评价实施流于形式,缺乏有效的评价机制,妨碍了综合素质评价发挥应有作用。[5]因此,如何解决这些突出问题,变革学生综合素质评价方式,成为教育改革与新高考改革的关键问题之一。

学生评价是教育评价的基础环节,是影响教育改革和发展的牛鼻子工程。改革开放以来,我国在学生评价上推进了一系列改革,尽管取得一些成

---

1 杨鸿,朱德全,宋乃庆,等.大数据时代学生综合素质评价:方法论、价值与实践导向[J].中国电化教育,2018(01):27-34.
2 刘坚.教育部印发《关于基础教育课程改革实验区初中毕业考试与普通高中招生制度改革的指导意见》[J].基础教育课程,2005(04):2-3.
3 国务院.国务院关于深化考试招生制度改革的实施意见[EB/OL].[2017-07-15].http://www.gov.cn/zhengce/content/2014-09/04/content_9065.htm.
4 刘志军,张红霞.普通高中学生综合素质评价:现状、问题与展望[J].课程·教材·教法,2013(01):18-23.
5 靳玉乐,樊亚峤.中小学实施综合素质评价的意义、问题及改进[J].教育研究,2012(01):69-74.

绩，但是依然存在评价以选拔为主而非促进学生成长，评价标准以智力为主而非指向综合素质，评价手段以应试为主而非全面评价，评价技术以标准化为主而非智能化等问题，评价难以适应新时代教育高质量发展的要求。构建满足培养担当民族复兴大任一代新人的需要，以促进学生终身成长为根本目的、以全面综合发展为基本标准、以学习成长全息数据为基础依托、以信息化智能化为重要手段的评价体系势在必行。本研究所说的学生全息智能评价正是这样一种评价体系。

二、研究意义

(一)丰富学生评价内涵

从世界范围来看，从宏观评价转向微观评价，从升学评价、就业评价转向发展评价，从主观评价转向客观评价，从人工评价转向智能评价是教育评价改革发展的大趋势。立足于我国民族特色、社会需求等教育实践土壤，将全息思维、互联网思维、大数据思维与教育评价深度融合，明晰学生全息智能评价的本质与内涵，构建学生全息智能评价的理论模型与指标体系，开展学生全息智能评价，有利于丰富学生综合素质评价的内容、方法和工具，完善学生评价的理论、标准、实践体系。

(二)扭转评价功利化倾向

开展学生全息智能评价，以人的全面发展为导向，把促进学生健康成长作为评价的出发点和落脚点，全面记录学生的成长过程，客观展现学生的综合素质与个性特点，有利于引导全社会建立科学的教育观和质量观，引导学生认识自我与发现自我，扭转"五唯"等教育功利主义的倾向，从而培养德智体美劳全面发展的社会主义建设者和接班人。

(三)引领教育教学改进

基于大数据技术背景下的学生综合素质评价技术,为学生全息智能评价理念和技术的实施提供了解决方案。通过学生全息智能评价,建立面向教育全体对象的实时反馈、预警体系,对学生质量、家庭教育、教师教学、学校管理等提供全方位的教育评价、诊断、实时反馈,既能及时掌握学生群体特征,也能够准确为学生进行个性化画像,为教育教学改进、学生个性成长和生涯规划、家庭教育指导、高校分类选拔培养、教育行政政策制定、社会公共服务完善提供科学依据。

(四)推动考试招生制度改革

开展学生全息智能评价,能够帮助学校在录取招生时,根据不同领域、不同专业的特色需求提出个性化的人才选拔要求,自动匹配学生从小学到高中、覆盖德智体美劳全方位的数据,形成从评价标准、选拔机制到招生录取等环节更加公平而科学的新型考试招生制度。

三、文献综述

(一)全息理念的研究概述

全息理念兴起于摄影技术,发展为哲学理论,近年来被引入教育领域,主要价值是建立新的学习范式,并未真正进入评价领域。

20世纪40年代,物理学家Denise Gabor为了提高电子显微镜的分辨本领而提出了"全息"概念,并开启了全息摄影技术的研发。《汉语大词典》的对"全息"解释是:"反映物体在空间存在时的整个情况的全部信息。"全息技术的主要类型包括全息摄影、全息投影和全息摄像。80年代初,法国全息摄影展在世界各地举行,全息思想开始传播开来,在我国先后出现"生物全息律"(张颖清,1980)、"全息生物学"(叶永在、卢继传,1995)、行为的全息性(王令训、刘克善,1995)、"全息哲学"(王增泰,1996)、"全息宇宙观"(吕国欣,2007)等学说。全息论被广泛运用于自然、人文学科和社会科学各领域,并与信息论、系统论、控制论等自然科学理论一起,成为揭示宇宙间万事万物之间联系的科学理论体系和认识万事万物运行变动规律的科学思维方法。

全息思想认为,一粒微尘映世界,一瞬间含永远,眼睛所看到的复杂世界,其结构和规律往往可以在细小的事物、信息上得到反映和印证。在教育领域,全息理念主要意蕴为全面、全程地关注和发展每一位师生,渗入各种教育形式,并且解释教育形式之间的相互关系。[1]全息理念引入教育领域较晚,相关研究内容比较少,王令训(1998)提出"能力全息性",指出个体的能力包含着、反映着个体的全部心理信息。鉴于能力的全息性,只有对个体进行全面发展教育,才能有效地提高个体的能力。[2]吴定初等(2008)深刻地揭示了信息时代教育的内涵与外延,提出在信息时代建立教育场全息概念的必要性。[3]李尊(2018)利用全息技术制造虚拟的教学资源,制作学习资源,建立生动逼真的情境渲染和模拟仿真的学习效果。[4]杨鸿等(2018)提出学生综合素质大数据评价的系统全息,包括评价数据的全息、评价内容的全息、评价过程的全息。[5]目前全息理念相关研究重在建立全息学习范式,还停留在宏观框架的论述上,还没有涉及基于学生全息数据的收集,对学生进行全方面、全过程、全价值链的评价体系构建与实践。

---

[1] 赵思林.论数学全息定义与教学[J].内江师范学院学报,2018(12):19-23.
[2] 王令训.能力全息性刍议[J].怀化师专学报,1998(04):102-107.
[3] 吴定初,曾茂林.论建立教育场全息概念的必要性[J].西南民族大学学报(人文社科版),2008(02):270.
[4] 李尊.全息技术在智慧教育中的应用研究[J].通讯世界,2018(02):13-14.
[5] 杨鸿,朱德全,宋乃庆,等.大数据时代学生综合素质评价:方法论、价值与实践导向[J].中国电化教育,2018(01):27-34.

(二)学生评价的研究概述

学生评价经历四个重要历史阶段,正在向第五代评价方向发展,即以服务为主导、智能为特征的评价。[1]

在评价主体上,提倡教育评价主体多元化。国内外相关研究都认同综合素质评价主体多元化,认为综合素质评价的主体应该包括学校、教师、学生、家庭、社会等。不同利益主体所期待的人的素质结构与水平不同,只有不同利益主体分别从不同角度对学生综合素质进行评价,才能全面发现学生素质发展的结构特点与水平。TIMSS(The Trends in International Mathematics and Science Study,数学科学教育成就测评)监测项目在背景问卷中单独设立家庭问卷,实现家庭参与评价。PISA(国际学生评价项目)十分关注家庭和社会因素对学生发展的影响,通过测查学生的财经素养来考查其识别金融产品、术语,理解供需关系的能力。有学者按照利益相关者理论将学生综合素质评价的利益相关主体分为潜在利益相关者、预期型利益相关者、权威型利益相关者三大类。[2]潜在利益相关者包括第三方评价机构、社区人士、专家等,他们或具有影响力(如第三方评价机构、专家等),或具有合法性(如社区人士等)。预期型利益相关者包括教育行政部门和家长、高校等,教育行政部门作为国家利益的代言人,是综合素质评价的领导者和"掌舵者";家长作为学生教育的参与者和受益人,希望通过教育促进子女的发展并提高家庭向上流动的可能性;而高校因为国家推行"探索基于统一高考和高中学业水平考试成绩,参考综合素质评价的多元录取机制"(即"两依据一参考")而成为预期型利益相关者。第三类是权威型利益相关者,具体包括高中的教师、学生、学校管理人员等。

在评价内容上,由关注学生学习成绩向关注学生素养转变。早在20世纪

---

[1] 刘云生.抢占教育智能化评估的制高点[J].教育发展研究,2019,39(03):3.
[2] 刘丽群,刘桂君.谁来评价高中综合素质?——基于利益相关者的分析[J].课程·教材·教法,2018,38(01):115-119.

90年代就有学者对学生素质评价进行了研究,对于评价的具体内容也提出了不同的见解。2002年教育部颁布的《关于积极推进中小学评价与考试制度改革的通知》[1]要求对学生进行评价时既要重视学生的学习成绩,也要重视思想品德和其他方面潜能的发展,更要重视创新实践能力。并提出中小学生评价的标准由基础性发展目标(包括:道德品质、公民素养、学习能力、交流与合作、运动与健康、审美与表现六个方面)和学科学习目标(以各学科课标所列目标为准)组成。2014年教育部颁布《关于加强和改进普通高中学生综合素质评价的意见》,明确了进行综合素质评价的五项内容(思想品德、学业水平、身心健康、艺术素养、社会实践)。2019年中共中央、国务院印发《关于深化教育教学改革全面提高义务教育质量的意见》提出全面提高义务教育质量要坚持"五育"并举,全面发展素质教育,强化德育、体育、美育和劳动教育应有地位,突出德育实效,提升智育水平,强化体育锻炼,增强美育熏陶,加强劳动教育,促进学生全面发展。2020年中共中央、国务院《深化新时代教育评价改革总体方案》提出坚持以德为先、能力为重、全面发展,坚持面向人人、因材施教、知行合一,坚决改变用分数给学生贴标签的做法,创新德智体美劳过程性评价办法,完善综合素质评价体系,切实引导学生坚定理想信念、厚植爱国主义情怀、加强品德修养、增长知识见识、培养奋斗精神、增强综合素质。这些均在国家政策层面上对学生综合素质评价的内容进行了规定。

20世纪90年代以来,基于多元智力理论与核心素养理论的多元综合评价在世界许多国家和地区的中小学生评价改革中得到实际应用,突出了评价的多元性、文化性、差异性、实践性和开发性。多元智力理论与核心素养理论下的评价要求不仅重视学生的"学业能力",还重视学生的"非学业能力",并应打破"分数至上"的传统评价观念,改变"一考定终身"的传统人才培养选拔与评价模式。学生评价要求既关注认知、情感、技能,又关注学生的学习过程

---

[1] 教育部关于积极推进中小学评价与考试制度改革的通知[EB/OL].(2002-12-27).http://www.gov.cn/gongbao/content/2003/content_62173.htm.

(学习方法、习惯、态度、求知过程或解决问题的能力)、生活世界(学生日常行为、待人处世能力)和社会行为(学生人际交往能力和社交技巧)。基于核心素养理论,国内学者辛涛等(2013)认为学生素养评价涉及学生知识、技能、情感、态度、价值观等方面的能力要求,其含义比知识、技能、能力更加宽泛。[1]林崇德(2016)指出:"核心素养是学生在接受相应学段的教育过程中,逐步形成的适应个人终身发展和社会发展需要的必备品格和关键能力。"[2]

国外没有学生素质测评这种提法,相应的是学生评价、核心素养、关键能力等。进入21世纪以后,为了有效应对未来社会的挑战,世界经济合作组织和美国的"21世纪技能"等相关核心评价术语逐渐成为全球教育领域的热门词。世界各发达国家在"学会学习,学会生活,学会做事,学会生存"理念的影响下,也纷纷思考学生需要具备哪些素质才能更好地适应以知识应用与创新为特征的社会。比如英国,非常关注学生的全面发展,尤其是学生个人品格、学习态度和学习方法的形成,希望通过这样的培养方式让学生在步入社会之后能够掌握更加高效、更为全面的学习方法,同时在评价中融入解放学生的思想。TIMMS主要是测试学生数学和科学的学习情况及影响因素。PIRLS(Progress in International Reading Literacy Study,国际阅读素养进步研究)主要测试学生的阅读素养,包括理解过程、阅读目的、阅读行为和态度。PISA评价的领域为阅读、数学、科学,除了评估学生的知识与技能外,还要求评估学生的学习动机和学习模式。NAEP(National Assessment of Educational Progress,美国"国家教育进步评价")是对学生阅读、数学、写作、科学、历史、地理、公民学、外语、艺术等学科进行测评,测评结果用于政策制定、为公众和教育者提供学生在各个学科方面能力的描述性信息。这些项目的测试内容主要从学生的不同能力发展状况出发,侧重于考查学生

---

[1] 辛涛,姜宇,刘霞.我国义务教育阶段学生核心素养模型的构建[J].北京师范大学学报(社会科学版),2013(01):5-11.

[2] 林崇德.基于核心素养的教育改革实践[J].教育家,2016(40):10-11.

的解决问题能力和整体应用能力。Russell等从理论研究的视角认为,学生综合素质评价需要从科学知识、写作能力、天赋、经验、行为、艺术等方面展开。[1] Nandjui,Alloh等从实证的角度,通过调查的方式总结了学生综合素质评价的25个主要能力因素,[2]如学生的就业能力、创造创新能力、智力发展能力,并尝试把这25个评价指标应用到教学实践当中,取得了较好的实践应用效果。从国内外的研究来看,基于核心素养的教育变革,强调对知识进行深度理解和迁移应用、培养高阶思维和问题解决的高层次认知能力和非认知能力成为教育追求的学习方式和学习理念。因此,在智能化时代,利用大数据分析技术评价学生的综合素质,评估学生的高层次认知能力和非认知能力,是教育评价领域变革的重点所在。

在评价方法与手段上,趋向多样化与智能化。发端于19世纪末的现代教育评价经历了测量时期、描述时期、判断时期、建构时期和综合评价时期。以测量为标志的第一代教育评价(1900—1930),强调测量结果的客观性与标准化,以测量量表与标准化测验的推广为主要内容。以描述为标志的第二代教育评价(1930—1950),基于数学矩阵的研究范式,主张对数据所表征的目标矩阵和结果矩阵之间的同构描述,"评价"一词取代了"考试"和"测量"。以判断为标志的第三代教育评价(1950—1970),基于教育价值论的研究范式,重视客观事实与主观标准的价值判断。比贝首次提出教育评价的本质即价值判断,此时,"评定"一词取代了"评价"。以建构为标志的第四代教育评价(1980开始),基于建构主义的研究范式,强调评价双方全面参与、共同协商、积极回应。教育评价实现了从简单的工具性"量表测验",扩展到多元化的"观察""问卷""访谈""记录""收集作品"的过程性"档案袋建立",到智能化的

---

[1] Waugh, Russell F.Evaluation of quality of student experiences at a university using a rasch measurement model[J].Studies in Educational Evaluation.2003,29(02):145-168.
[2] Nandjui BM, Alloh DA, Manou BK, et al. Quality of life assessment of handicapped students integrated into the ordinary higher education system[J]. Annales De Réadaptation Et De Médecine Physique, 2008, 51 (02):109-113.

"大数据挖掘""精准测评""深度反馈"的平台性"数据技术"的转变。

国内对综合素质评价方法的研究逐渐从关注定量方法,过渡到定量与定性方法并重。最初以"层次分析法、模糊综合评价"等为主的定量分析方法,试图运用数据对综合素质进行科学测评,并建立起综合素质评价数据分析模型。近年来提倡评价方法多样化,学界普遍认为应冲破传统纸笔考试的做法,注重质性评价与量化评价、形成性评价和终结性评价、动态评价与静态评价相结合。中国基础教育质量监测协调创新中心构建了义务教育阶段六大领域监测体系,构建了相应的数据采集模式与系统;综合素质评价信息的搜集方法包括调查方法、考试方法、文献资料方法和观察法等。张燕南等认为大数据时代要反思对成绩的片面追求,要强调测试分数绝不等同于物理测量单位的直观含义,在教育评价中不能仅凭简单的数字加以解读。

评价工具越来越多样,特别是随着信息技术的发展,出现了一些新的评价工具。肯尼斯·莫尔在《课堂教学技巧》中介绍了六种常见的评价工具:标准化测验、教师自编测验、等级量表、检验单、问卷、表现评价和文件夹。[1]常用的方法还有:口头测验(如演讲、口头报告、辩论、经验分享、表演、提问等)及档案袋评价。随着信息技术的飞速发展,一些新的评价工具不断涌现,主要包括量规、学习契约、范例展示、电子档案袋等。国外学生评价研究中特别注重计算机新技术的使用,认为"计算机的模拟更适应学生的优点和缺点,从而为学生提供基于学生能力的更可靠有效的任务(以帮助学生学习)"。[2]在评价过程方面,国外研究强调评价注重"真实性"、并注重评价过程的开放性。韦伯(Weber E)在《有效的学生评价》中提出了"真实性评价"(韦伯:《有效的学生评价》,中国轻工业出版社,2003),强调在自然、真实的情景中来进行学生评价,尽量反映出学生发展的整体情况。评价过程尽量

---

[1] 肯尼斯·莫尔. 课堂教学技巧[M]. 刘静,译,北京:人民教育出版社,2010:242-253.
[2] Wiggins G . Educative Assessment. Designing assessments to inform and improve student performance[J]. Academic Achievement,1998:361.

保持开放性和动态性。把评价过程看作为学生的成长提供有价值指导信息的过程,以便学生将来能适应社会和个人的发展的需要。

随着云计算、物联网、移动通信等信息技术的快速发展,大数据、人工智能技术已经渗透到各行各业,成为社会变革的重要驱动力量,其对教育领域的影响也日渐凸显,正在成为推动教育系统创新与发展的颠覆性力量[1]。当前的教育评价侧重点已经从以往的重视内容即"内容为王"的时代过渡到"数据为王"的时代。国际上教育大数据应用已经出现了一些典型技术,主要针对个性化教与学、关联分析与预测、教育管理决策等。Knewton和可汗学院(Khan Academy)对个性化学习提供了重点支持,可以基于学习者特征、学科知识结构、学习过程行为对学习进行个性化支持;预测分析报告项目(Predictive Analytics Reporting, PAR)在学生模型构建与风险预测方面进行了探索,借助预测模型可以发现隐含规律,有效实施教学干预,促进教育教学质量提升,通过Learnsprout和BrightBytes公司的Calarity,对技术应用情况的综合数据进行采集、分析、诊断,提出可行性解决方案并予以验证。[2]我国教育界对教育大数据的研究主要集中在大数据时代背景下的教育变革基本理论思辨研究;对教育大数据挖掘和分析出的教育现象进行解读;教育大数据本体及相关技术研究等。[3]另外还有如祝智庭、郑燕林和柳海民等提出的自适应学习、教育大数据应用的定位研究[4],胡弼成和王祖霖对大数据应用方法研究[5],杨现民等提出的对教育大数据应用的分类研究等[6]。具体的技术研发,也取得了较大突破。大数据、人工智能、虚拟仿真等技术有效干预

---

[1] 胡水星.大数据及其关键技术的教育应用实证分析[J].远程教育杂志,2015,33(05):46-53.
[2] 孙洪涛,郑勤华. 教育大数据的核心技术、应用现状与发展趋势[J].远程教育杂志,2016,34(05):46-47.
[3] 孟志远,卢潇,胡凡刚.大数据驱动教育变革的理论路径与应用思考——首届中国教育大数据发展论坛探析[J].远程教育杂志,2017,35(02):13-14.
[4] 郑燕林,柳海民.大数据在美国教育评价中的应用路径分析[J].中国电化教育,2015(07):25-31.
[5] 胡弼成,王祖霖."大数据"对教育的作用、挑战及教育变革趋势——大数据时代教育变革的最新研究进展综述[J].现代大学教育,2015(04):98-104.
[6] 杨现民,王榴卉,唐斯斯.教育大数据的应用模式与政策建议[J].电化教育研究.2015,36(09):54-61,69.

教学,客观真实反映教育现状,提升了教与学的有效性,以及教学质量与效率(郑燕林、李卢一,2015)。[1]在美国发布的《2017地平线报告(基础教育版)》中预测3—5年内,教育技术趋势是注重学习测量,主要是聚焦于各种测评工具和方法的选择与应用,以现代教育的新技术手段去采集、记录、测量、分析学生学业数据和评估学生学业情况。因此,教育评价的变革和创新离不开新技术的支持,教育信息化是时代发展的趋势也是教育现代化的具体表征。可见,大数据时代新思维已逐步建立,但收集的数据存在碎片化、不持续性,不能很好地服务于学生个体,在评价结果运用上形式化与功利化,没有发挥应有的激励与改进作用。

(三)智能评价的研究概述

智慧(智能)教育随着信息化技术的兴起得到极大关注,但智慧评价的相关实践问题依然没能真正突破。

智能是指有认识和实践能力的主体的智慧和能力相互叠加的一个概念。人的智慧和能力一方面取决于遗传因素,另一方面又取决于在遗传因素基础上通过社会化的后天建构(学习和培养)所发展起来的生理机能、心理活动和行为方式的特质。它不仅包括通常所说的主体的感知、记忆的认知方式和方法、思维创造再生信息的方式和方法、情感与意向生成和活动的方式和方法,还包括主体的实践活动的方式、方法和策略。[2]因此,智能是信息的一种,但属于复杂的信息。随着科技的发展,开始兴起"人工智能"这门新的技术科学,它用于模拟、延伸和扩展人的智能。

信息化环境下的智慧教育可以追溯到钱学森先生早在1997年开始倡导的"大成智慧学"。2008年,时任IBM首席执行官的彭明盛(S.J.Palmisano)在

---

[1] 郑燕林,李卢一.对大数据支持的学习分析与评价的需求调查——基于教师的视角[J].现代远距离教育,2015(02):36-42,47.
[2] 邬焜,罗丽.试论信息、知识、智能、实践的全息统一性[J].情报杂志,2018,37(05):21-25,51.

所作的报告——《智慧地球：下一代领导议程》中首次提出了智慧地球(Smarter Planet)的概念。2009年9月，美国中西部艾奥瓦州的迪比克市与IBM共同宣布，将建设美国第一个"智慧城市"。而后智慧教育、智慧校园的概念应运而生。诸如"智慧教育：教育信息化的新境界"(祝智庭、贺斌，2012)等观点流行起来，并开始架构智慧教育体系(杨现民、余胜泉，2015)，包括环境、模式到体制等方面(黄荣怀，2014)。在此框架下，也开始把智慧测评作为新学校的生长方式来探索(林虹，2018)。信息技术作为融合创新的手段，提升了教育领域智慧化程度，促进了智慧教育发展，让教学与学习发生革命性改变。在智慧教学方面，大数据促成教学模式与方式的改革、分层教学向分类教学的转变和对教学行为的准确预判；在智慧学习方面，大数据驱动个性化学习的真正实现，通过教育数据挖掘，剖析学习者风格，通过学习资源的精准分析与推荐，促进个性化学习(魏顺平，2013)；[1]在智慧管理方面，大数据推动教育设备与资产的智能管理、学生救助体系的完善、教育数据的汇聚共享以及学习网络安全性能的提升；在智慧评价方面，大数据驱动教育评价科学转型、学习评价标准重构、学习评价方式变革，大数据为教育评价的开展提供新思路，扩大评价范围，提升评价客观性(何克抗，2014)[2]。

但是，这些实践和研究既不系统，也在如何收集、分析、处理大数据，进行全面、综合、服务终身的评价上面临挑战与风险。一是技术方面的挑战。邬贺铨院士指出在教育数据收集、数据处理和结果的可视化呈现方面技术不够成熟、智能化程度不高。[3]美国教育部发布的《通过教育数据挖掘和学习分析促进教与学》报告提出大数据编码和格式的不统一造成数据兼容与共享困难。[4]二是人才缺乏的挑战。大数据技术与智能制造人才缺口大。三是数据本身的困

---

[1] 魏顺平.学习分析技术：挖掘大数据时代下教育数据的价值[J].现代教育技术，2013,23(02)：5-11.
[2] 何克抗.大数据面面观[J].电化教育研究，2014,35(10)：8-16,22.
[3] 邬贺铨.大数据时代的机遇与挑战[J]. 求是，2013(04)：48-49.
[4] 徐鹏，王以宁，刘艳华，等. 大数据视角分析学习变革——美国《通过教育数据挖掘和学习分析促进教与学》报告解读及启示[J]. 远程教育研究，2013,31(06)：11-17.

难。胡弼成、邓杰认为,利用大数据时应避免一些不良数据风险。[1]顾小清、郑隆威等提出,目前仍有大量的教育数据难以甚至无法获取,这样的数据源如同一个个"信息孤岛"相互之间功能无法关联,数据无法共享。[2]四是伦理与法律的风险。徐鹏等认为,通过教育数据挖掘和学习分析所作出的预测和推荐,将会大大增加学生活动的透明性,这也会带来一系列的社会伦理道德问题。张羽、李越提出,个人隐私保护是实现数据采集和分析的重要前提条件。[3]

通过对相关文献的分析,可以得出以下几个结论:其一,宏观性研究、理论性研究较多,微观性研究、应用性研究有待加强。人工智能是一个新兴概念,从提出到认可,从认可到研究,从研究到应用需要一个过程。已有研究多从教学、管理、决策、评价、科研等方面切入,探讨大数据对教育的影响,分析智能教育应用可能面临的挑战及应对的策略,多着眼于宏观方面和理论论证,但随着大数据技术的逐渐发展,智能应用更为频繁,智能的影响将更为深远,相关的研究也需要逐步深入,注重实践应用,从宏观研究转向微观研究,从理论方面转向应用方面,开展宏观与微观相结合,理论与实践相结合的研究。其二,强调智能技术的研究较多,关注大数据带来的思维变革的研究较少。于教育领域而言,教育信息技术的发展对教育的发展至关重要,但是,大数据带来的思维变革的作用和力量也不容忽视。在教育领域中,观念的改变能够促进制度变革、实践变革。其三,全息理念运用于学生评价还处于构想阶段,拥有较大的深化与创新空间。目前全息理念相关研究重在建立全息学习范式,还停留在宏观框架的论述上,还没有基于学生全息数据的收集,对学生进行全方面、全过程、全价值链的评价体系构建与实践。

基于以上文献梳理可以看出,学生评价的发展趋势是基于全信息进行

---

[1] 胡弼成,邓杰. 大数据时代的教育变革:挑战、趋势及风险规避[J]. 教育科学研究,2015(06):29-34.
[2] 顾小清,郑隆威,简菁. 获取教育大数据:基于xAPI规范对学习经历数据的获取与共享[J]. 现代远程教育研究,2014(05):13-23.
[3] 张羽,李越. 基于MOOCs大数据的学习分析和教育测量介绍[J]. 清华大学教育研究,2013,34(04):22-26.

全方面、全过程、全价值链的评价,是综合化、多元化、个性化的评价,是信息化、数字化、智能化的评价。而这些正是目前学生评价的短板和问题所在,需要深入系统的探索和研究。

四、研究思路

(一)研究问题

本研究聚焦"学生全息智能评价",在教育综合改革及教育大数据背景下,以克服"五唯"顽瘴痼疾,扭转不科学的教育评价体制机制为指引,基于人的全面发展,探索"2035远景目标"的考试招生改革试验设计。具体而言,本研究力图回答下列问题。

(1)在基础研究方面,界定全息智能评价是什么,有何价值。

(2)在理论研究方面,明确全息智能评价做什么,如何评。

(3)在实践方面,剖析全息智能评价在学生评价中怎么用,是否可靠。

围绕本研究的核心,将总问题细化为五个关键问题。

(1)概念体系:学生全息智能评价的内涵界定。通过对研究背景与研究意义的阐释,并结合已有研究,梳理出"全息""智能""全息智能评价""学生全息智能评价"等概念群落,进一步分析学生全息智能评价的内涵与外延。

(2)理论体系:包括学生全息智能评价的理论基础、政策基础、可行性分析。

(3)范畴体系:学生全息智能评价的尺度研究。分析全息智能评价测什么,以怎样的标准测,评价的教育阶段是哪些,起点与终点是什么。

(4)模型框架:学生全息智能评价的模型构建。分析全息智能评价模型的构建要素、要素间的联系与路径。

(5)技术平台:学生全息智能评价的平台研究、数字画像研究、技术研究。分析如何设计平台,选择怎样的大数据处理技术;分析大数据的结果如何有效用于政府、学校、学生等群体。

(二)研究思路

本研究按照"是什么—为什么—做什么—怎么做"的逻辑路径层层展开。首先进行理论分析,通过文献研究对学生全息智能评价的意域进行了分析,着重回答"是什么"的问题,在此基础上论证全息智能评价的价值和意义,回答"为什么"的问题,并对全息智能评价的可行性进行全面论证,是本课题研究的逻辑起点。然后,分析学生全息智能评价的尺度,构建评价标准体系,是本课题研究的逻辑过程。最后着重解决全息智能评价应该"做什么"和"怎么做"的问题,即对全息智能评价平台、技术以及应用推广进行探索,是本课题研究的逻辑落脚点。(见图1-1)

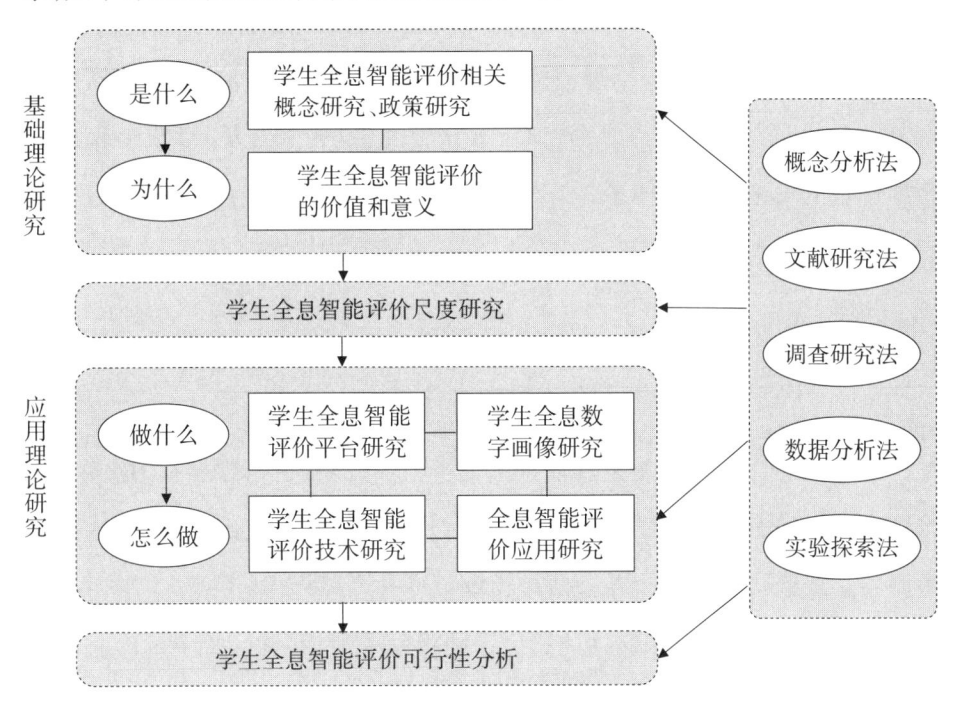

图1-1 学生全息智能评价理论思路图

(三)研究方法

(1)文献研究法。梳理学生评价、数据评价、智能评价、全息评价等学术著作和学术论文,通过文献综述为学生全息智能评价研究提供理论基础。

(2)调查研究法。对学生、教师、家长和高校进行问卷调查,充分了解研究所需涉及的相关问题。

(3)案例分析法。选取部分典型区域、学校、学生进行个案调研、案例分析。

(4)数据分析法。通过描述分析、方差分析、相关分析、回归分析、聚类分析、中介分析、结构方程模型等多种数据统计手段,结合质性评价方式,综合分析影响学生全面发展的关键因素,为测评体系的内容选择提供科学支持。

(5)模拟仿真法。在设计学生全息智能评价平台及其实施体系时,采取人工智能技术,对其进行模拟演练,为实地建设和试点提供可操作模型。

(6)实验探索法。运用理论模型、系统平台和评价体系之后,选择试点区县和学校进行探索试点,一边试点一边修正、完善和提炼,形成学生全息智能评价的理论与实践体系。

五、创新点

(一)建立多因素信息场域的学生评价

学生全息智能评价从全息数据采集平台、智能分析与数据投射平台、精准服务平台三个平台将学生的首端因素与末端因素、原生因素与诱发因素,各因素层层嵌套构成一个复杂信息场域。

此场域包括个体、家庭、班级、学校和社会五个子系统,各子系统又由其所属的诸多要素构成,大大拓展了现有评价范畴。

(二)面向2035探索未来的学生评价

2035年要实现教育现代化,现代化的教育需要现代化的评价。学生全息智能评价充分利用物联网、传感器获取学生数据,利用云存储、区块链技术存储学生数据,利用评估性分析、预测性分析、探索性分析等挖掘学生数据,利用可视化技术呈现学生数据,旨在系统回答学生评价智能化"是什么、为什么、做什么、怎么做"等理论和实际问题,为进一步推进招生考试改革奠定实践基础。

(三)运用全息思想研究的学生评价

学生评价的全息思想摒弃以往学生评价重考试分数、重最终结果、重甄别筛选弊端,而以人的全面发展理论为基础,对学生进行全场域、全学段的评价,具有评价主体多元、评价手段多样、评价结果应用广的特征。

第二章

概念界定

一、核心概念

(一)学生

学生既是教育的对象又是教育的主体,是在教师的指导下从事学习的人,主要指在校的儿童和青少年,它具有与自然状态下学习的人不同的特征(全国十二所重点师范大学联合编写:《教育学基础》,教育科学出版,2008)。本研究的对象聚焦基础教育阶段的儿童和青少年,特指从学前阶段到高中阶段接受学校教育的学生。此阶段的学生以系统学习间接经验为主,在遗传、环境和学校教育以及自我内部矛盾运动的互相作用下,身体和心理两个方面发生量、质、结构方面的变化,具有顺序性和阶段性、稳定性和可变性、不均衡性、个别差异性、整体性等特征。

(二)全息

全息思想是从20世纪40年代的全息摄影技术引发出来的。全息摄影技术指全息照片上的每一点都含有整个物体的像,并可以通过确定的方式再现出来,而普通照相术只能得到平面像,全息照相术却可以得到立体成像。实际物体总是立体而非平面的,所以立体像才可以反映物体全部信息。全息摄影启示了一种对宇宙的全新认识:整体的信息包含在每一部分之中。哲学便引入全息思想,认为一微尘映世界,一瞬间含永远,眼睛所看到的复杂世界,其结构和规律往往可以在细小的事物、信息上得到反映印证。由此,全息摄影技术中"部分包含整体信息"和"部分展开成为整体"的性质,就超出了物理学的范围而具有普遍的意义。《汉语大词典》的对全息解释是:"反映物体在空间存在时的整个情况的全部信息。"

本研究认为全息乃指局部之中包含整体的信息。教育不限于学校,存在于社会的各个方面,随着网络文化的发展,人们可以从多渠道获得信息,从而发挥教育的功能。树立全息的大教育观,把社会各个领域、社会生活的方方面面所包含全息教育的信息作为整体来看待。全息性教育注重学生个性特点,建立了体现学生素质内化的认知系统和行为习惯,实现了教育的差异化和评价多元化。

(三)智能评价

人工智能通过人工智能算法和技术的运用,模拟人类认知过程、理解过程、学习过程和创新过程,展示人类学习活动的发生和发展,从而为学习者高效地学习创造条件,并帮助人类创造新的未来。我国《新一代人工智能发展规划》提出要发展"智能教育",推动人才培养模式和教学方法改革。[1]《教育信息化2.0行动计划》提出要推进智能教育,开展以学习者为中心的智能化教学,支持环境建设,推动人工智能在教学、管理等方面的全流程应用等。[2]教育评价的现代化与专业化始终要以信息技术为支撑,信息技术助推教育评价智能化,智能化使教育评价真正走向一种生动的"智慧评价",要充

---

[1] 国务院关于印发新一代人工智能发展规划的通知[EB/OL].(2017-07-20).http://www.gov.cn/zhengce/content/2017-07/20/content_5211996.htm.
[2] 教育部关于印发《教育信息化2.0行动计划》的通知[EB/OL].(2018-04-18).http://www.moe.gov.cn/srcsite/A16/s3342/201804/t20180425_334188.html.

分依靠高效的"互联网+"、海量的"数据库"、强大的"云计算"、生动的"仿真虚拟现实"、便捷的"通信移动式学习"等新技术平台。[1]智能教育评价的实施离不开人工智能、物联网、大数据等先进信息技术。

人工智能(简称AI)不是人的智能,但能像人那样思考,也可能超过人的智能,是一门综合学科,也是一个领域,涉及计算机科学、信息科学、控制论、生物学、心理学、教育学等多个领域的高度交叉和融合。新时期的教育需要人工智能,"人工智能+教育"是融合现代物联网、人工智能、大数据、云计算、虚拟现实(VR)与增强现实(AR)等先进数字信息技术手段的增强型数字教育,促进教学向智能化、精准化和个性化方向发展。人工智能成为辅助人类教学活动的重要工具,通过新技术使教与学更加轻松有效率。教育人工智能有两个目标,一是促进学习环境的创设和发展以及智能工具高效灵活的使用,二是"使用精确的计算和清晰的形式表示教育学、心理学和社会学中含糊不清的知识"。

物联网(The Internet of Things,简称IOT)是指基于互联网和传统电信网等信息承载体,形成独立寻址的普通物理对象互联互通的网络,实时采集任何需要监控、连接、互动的物体或过程信息,实现物与物、物与人的泛在连接,实现对物品和过程的智能化感知、识别和管理。[2]智能物联网就是对接入物联网的物品设备产生的信息能够实现自动识别和处理判断,并能将处理结果反馈给接入的物品设备,同时能根据处理结果对物品设备下达某种操作指令,使接入的物品设备作出某种动作响应[3]。

大数据是运用新的、专业化的处理模式处理的海量、高增长率和多样化的数据,获得具有更强的决策力、洞察发现力和流程优化能力的信息资产。

---

1 朱成晨,闫广芬.现代化与专业化:大数据时代教育评价的新技术推进逻辑[J].清华大学教育研究,2018,39(05):80-85.
2 刘陈,景兴红,董钢.浅谈物联网的技术特点及其广泛应用[J].科学咨询,2011(09):86.
3 王学锋.物联网与人工智能[J].数字通信世界,2011(04):77-79.

国际数据公司提出,"大数据是具有4V特征的数据集,具有海量的数据规模、多样的数据类型、快速的数据流转和动态的数据体系、巨大的数据价值的特征"。大数据技术的意义并不是掌握了多么庞大的数据量,而是在于对这些多元化的数据进行专业加工,实现有效信息呈几何级数增值。本文的教育大数据指通过线上、线下教育活动过程中所采集的学生数据,通过人工智能、物联网等技术对数据深度挖掘、专业加工与分析,发现其中的价值。

人工智能、物联网和大数据的关系。大数据的核心是数据挖掘,即对海量数据的交换、选择、整合和分析,发现有价值信息。大数据是物联网发展的必然结果,大数据相关的技术紧紧围绕数据展开,包括数据的采集、整理、传输、存储、安全、分析、成效和应用等。要实现物联网智能化,就必须具有人工智能的数据处理服务器,人工智能对数据进行价值化操作。以人为例,物联网相当于皮肤和手脚,人工智能相当于大脑,物联网和人工智能相辅相成,相互联系。

本研究将智能评价界定为以学生为评价对象,评价者依据一定的标准,运用现代物联网、人工智能、大数据等先进信息技术手段与方法,采集教育大数据,对学生的发展过程和状况进行事实判断与价值判断的活动。

(四)学生全息智能评价

学生全息智能评价是以人的全面发展为导向,以新技术为支撑,以大数据为依托,基于学生从学前教育到高中毕业全学段,包含家庭、学校、社会全场域,涵盖德智体美劳全方面的成长信息,运用云计算、AI等智能化手段实现"全面性"质量监测、"全员性"主体观照、"全方位性"数据搜集、"全域性"督导跟踪的科学的综合评价活动。其评价对象面向全体学生、评价内容覆盖全部信息、评价手段采用新兴技术、评价实施强调多元参与、评价结果注重综合应用。全息智能评价新技术平台能有效改进评价手段、丰富评价内容、改善评价方法、优化评价程序、精准评价反馈,实现现代教育评价的数据

挖掘、精准测定、全面诊断、个性指导、有效预测、智慧反馈,助推我国教育评价事业的思维变革和技术创新。(图2-1)

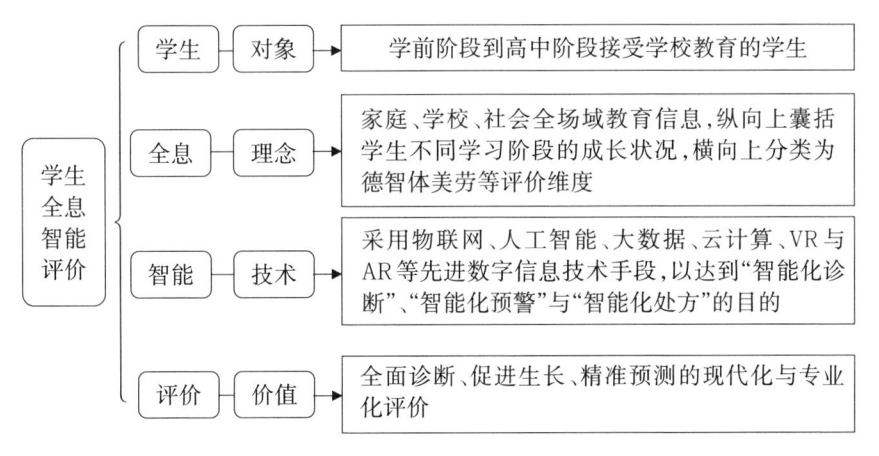

学生	对象	学前阶段到高中阶段接受学校教育的学生
全息	理念	家庭、学校、社会全场域教育信息,纵向上囊括学生不同学习阶段的成长状况,横向上分类为德智体美劳等评价维度
智能	技术	采用物联网、人工智能、大数据、云计算、VR与AR等先进数字信息技术手段,以达到"智能化诊断"、"智能化预警"与"智能化处方"的目的
评价	价值	全面诊断、促进生长、精准预测的现代化与专业化评价

图2-1 学生全息智能评价构成体系

二、内涵解读

(一)突出学生发展的价值导向

"评价不是为了证明(Prove),而是为了改进(Improve)[1]。"学生全息智能评价的终极目的是促进学生的当下发展与未来发展,促进生命意义的丰盈与完善。重庆市教育考试院杨鸿教授、西南大学教育学部朱德全教授、西南大学基础教育研究中心宋乃庆教授等专家认为,大数据对学生综合素质的全面诊断、精准预测可以促进学生的生命成长,实现教育价值的回归。[2]基于此类观点,大数据时代的学生全息智能评价的价值主要体现在学生发展的三个时域:发展前的全面诊断、发展中的促进生长、发展后的精准预测。

全面诊断。传统的综合素质评价对学生的诊断主要基于教师的主观感受与个体经验,大数据时代的学生全息智能评价有完整的数据采集、处理、

---
1 Stufflebeam DL. A depth study of the evaluation requirement[J].Theory into practice,1996(03):121-133.
2 杨鸿,朱德全,宋乃庆,等.大数据时代学生综合素质评价:方法论、价值与实践导向[J]. 中国电化教育,2018(01):27-34.

分析与应用系统,这个系统尤其突出"数据采集—数据分析—数据反馈"三个关键节点。系统在海量数据的基础上,依据全面、深入、精细的统计分析,挖掘出有价值的核心数据,判断学生的整体发展,诊断出学生在各项素质上的优势与个性、问题与困难,分析问题原因与形成机制,并且可以根据全国性数据设置预警常模,提前诊断学生的素质发展状况与未来发展态势。同时,大数据学生综合素质评价根据学生的学习风格、个性偏好,挖掘潜藏的学习规律与特点,为学生的持续发展提供"智能化处方",推送系统会推送个性化的发展路径与学习资源,提供问题改进与行为完善的重要依据。

促进生长。教育评价的价值观必须充分体现促进生长的生命价值。从价值追求上,传统学生综合素质评价过度追求功利价值,学生的发展被条分缕析的评价指标体系与统一的评价标准所控制,在实践中,对学生素质发展过程与变化却很少关注。学生全息智能评价的根本目的是促进学生全面发展与个性发展,发展的核心在于生命的生长。大数据采集的持续性与数据推送的匹配性可持久关注并促进学生的生命生长。大数据可以实时采集与监控学生的学习进度、学习特点与学习效果的情况,关注学生的学习感受与体验。同时,学生全息智能评价可以直观展现学生的成长轨迹,全面记录学生在每个阶段的表现与进步,建立学生发展的坐标轴,实时展现学生的纵向发展轨迹与横向比较差距。可见,学生全息智能评价聚焦于学生生命生长的全过程,可以实时采集与持续关注学生发展数据,及时引导发展方向与适时推送匹配资源,着力唤醒学生的生命意识,全程展现成长轨迹,引导学生实现生命价值。

精准预测。学生全息智能评价的核心价值在于预测学生的潜在发展与未来方向。从预测资源看,大数据时代学生全息智能评价的数据来源广泛、类型多样、实时持续、客观真实。从覆盖时空看,数据可覆盖学习与成长的全过程、全时域,数据更具有实时性与持续性。这些存储无数痕迹的数据碎片被整合、关联与挖掘,学生的生活轨迹、发展动态与行为模式便会呈现。从预测结果看,在整合与挖掘学习者多维度信息的基础上,如认知、情感、意志、行为、态度、动机、个性等,深度研究数据变量之间的关系,深刻挖掘过程变量与结果变量之间的关系,建立学生综合发展模型,预测其未来的发展态势与发展走向,其精准度与细致度有强大的数据基础与模型支撑。

全息智能评价是基于智能学习终端对学生学习进程中不同发展阶段、发展水平所进行的精准、客观、多次的自动化记录,既有每个学习阶段的诊断性评价、形成性评价,又有对学生发展整体状况的动态性评价、终结性评价。通过对各阶段的学习行为数据进行分析,获得学生学习进步与不足信息,从而调节教与学。在智能化学习评价时代,形成性评价与终结性评价的区别正在逐步弱化和模糊,任何一个节点的形成性评价都可以是终结性评价;反之,任何一个阶段的终结性评价也都可以被看作该阶段的形成性评价。基于管理平台上内置的学生评价标准,结合学习过程中伴随式采集的数据,平台及时对学生学习的方方面面进行专项或综合分析,并向学生、教师和家长发送阶段性学习诊断报告。报告的内容既可以作为师生改进学习的依据,也可以作为鉴定性考核的依据,兼具形成性评价和终结性评价的功能。

(二)突出全息系统的证据导向

科学评价是基于证据的价值判断。证据是评价的基础和依据,证据越充分,评价越客观,越接近真实。"唯分数、唯升学、唯文凭、唯论文、唯帽子"之所以受到诟病,最重要的原因是证据单一、片面、抽象。强化证据的全息性,是当代科学评价努力追求的方向。

全息并不等于"所有信息"。全息论认为,全息是局部包含着也反映着整体的完整信息。也就是说,一粒微尘映世界,一瞬间含永远,眼睛所看到的复杂世界,其结构和规律往往可以在细小的事物、信息上得到反映印证。

正因为如此,只要能够抓住事物足够多的反映全貌的关键信息,就能够作出全面、客观、科学的价值判断。评价证据的全息性指的就是评价所基于的证据具有这样的全息特征。一是评价数据的全息,即"全数据"。评价数据涉及学生发展的各个场域,从课内到课外,从食堂到教室,从体育场到图书馆,从学校到社区,数据采集范围包括学生在学习、生活、运动等多个场域的各类信息,这些场域的片断信息反映着学生综合素质的整体情况。评价数据涉及道德品质与公民素养、学习品质与文化素养、身体品质与健康素养、艺术品质与审美素养、实践品质与创新素养等。二是评价内容的全息,即"全面"。学生综合素质评价的评价内容涉及学生发展的各方面,不仅反映学生的学习习惯、学习方式、学习进度、学习状态、学习效果和兴趣爱好、个性特征、情绪情感、意志品质,还展现学生的身体素质、运动习惯、运动技能、运动水平,甚至包括心理素质、心理状态、心理品质,全面描述学生素质发展轨迹、展现学生素质发展状态、评价学生素质发展水平和预测学生素质发展趋势。三是评价过程的全息,即"全程"。"全程"是指支撑学生发展的每天、每学期、每学年的课堂、实践活动、体育运动、社区服务等都可成为评价的时空,真正实现全时空的采集与监测。四是评价人员的全息,即"全员"。"全员"是指参与或影响学生发展的各类人员,如校长、班主任、学科教师、社区人员、家长、学生等都可作为评价主体,甚至由大数据技术演变而来的"大数据专家"也成为重要的评价主体。

全息评价的科学性还体现在,一是强调全体数据的整体思维。传统学生综合素质评价由于受到数据采集与处理能力的限制,研究者只能借助抽样方法去获取有代表性的样本数据,根据样本数据去推断总体数据的特征。而样本数据往往只能反映事物的部分特征,其评价依据相对单一,评价结果比较简单片面,降低了研究的信度与效度。基于大数据的学生全息智能评价特别强调全样本的整体思维,重视全体数据的搜集与保存,强调全体数据的挖掘与分析,从整体上把握研究对象,采用常态化、智能化的数据采集技术,获取的数据从学业成绩拓展为学生每学期、每门课程、每节课、每次作业、每次活动的情况,数据采集场域从课堂延伸到图书馆、食堂、宿舍、家庭、社区等,对评价对象的判断经历了从局部到整体、从表象到本质的持续分析过程,对评价对象的认识是整体的、深刻的,所作出的评价比较准确,从而整体把握学生发展过程、发展特点与发展趋势。二是强调数据来源的复杂思维。学生综合素质是一个比较复杂的系统,很难用明确的评价标准来考量素质的发展水平。在评价的实践上存在评价指标的分解与合成、评价标准的模糊与精确以及评价结果的软参考与硬挂钩等"两难"问题。[1]传统的精确测量式评价受限于当时的数据采集、储存、传输、分析的技术与工具,数据仅限于精确化、结构化的数据,而大量混杂化、非结构化的数据被抛弃,只能采用"以小见大"的思维进行推理判断。然而,大数据时代的学生全息智能评价在数据采集上完全可以接受容纳混乱和充满不确定性的各类形态的数据,允许数据来源的纷繁混杂,在数据挖掘分析上不刻意追求一对一的精确关系,运用复杂思维和模糊思维"以大观小",从整体上关注学生综合素质的发展和变化,这将对学生全面发展与综合素质发展水平作出整体性、科学性的判断,避免出现"只见树木、不见森林"的评价困境。三是强调非线性关系的相关思维。传统学生综合素质评价根据学生的某科成绩、某次表现便推断其所具有的素质或能力,尝试建立行为表现与素质水平的简单对应关系,这是因果关系逻辑使然。实际上,综合素质具有内隐性与不可分解性。学生全息智能评价强调相关关系并不否定因果关系,追求"是什么"而不探求"为什么"。学生全息智能评价收集家庭、学校、社会全场域,德智体美劳全方面的成长信息,通过大数据技术进行处理、挖掘与分析,勾勒刻画出学生的综合素质,从而对学生作出精准的价值判断。由此可见,大数据学生综合

---

[1] 刘丽群,屈花妮.我国普通高中学生综合素质评价的两难困局[J].课程·教材·教法,2016,36(10):95-100.

素质评价避免把复杂的学生世界抽象化,关注学生发展过程与生活世界的丰富性,关注学生具体与个性的发展过程,还原丰富的生活世界,只有这样才能实现对学生综合素质发展的观察、记录、分析,从而发现和培育学生的核心素养与良好个性。

(三)突出技术支撑的智能评价

学生全息智能评价的智能性主要体现在:一是数据采集的智能性。具有类型多样、能力强大、常态运行的评价数据采集技术与工具,实时采集学生日常学习与生活的全样本、混杂数据,确保评价数据的真实性与丰富性,这是智慧评价运行的"源头活水"。二是数据处理的智能性。具有存储容量大、速度快、质量高的数据处理平台,可以有效清洗、集成、转换与归约庞杂的数据,为智慧评价过滤良好的"数据类"与筛选相关的"数据群",确保数据处理的快速高效。三是评价实施的智慧性。具有处理多个评价主体深度参与和多种评价方法深度融合的实施机制,有效解决评价主体"只是形式上参与而实质上应付"和评价方法"各自为政"的问题。四是数据分析的智能性。具有智能化的数据挖掘分析技术与方法,可以横向关联与纵向挖掘各类数据,这是智慧评价的关键。五是评价结果的智能性。具有智能化的评价决策力与判断力,可以自动作出评价诊断与预测,进行科学的价值判断,这是智慧评价的核心。六是评价反馈的智能性。具有智能化的评价反馈指导能力,能够提供个性化的评价诊断报告与精准化的发展潜能预估。

(四)突出主体增值的结果导向

主体增值是学生综合素质大数据评价改革实践的结果导向。增值评价不仅仅强调对学生的发展结果的客观再现,还特别关注评价过程给学生带来其他的促进作用,实现过程赋值与结果增值。"以学生为中心"的智慧评价能有效地实现主体增值,这种增值既指学生学业水平的进步,也指学生学习方法、学习习惯、学习行为等各方面的改善;既指认知上的进步,也指非认知上的发展;既指学生共性素质的发展,也指学生个性素质的发展。强调主体增值的学生全息智能评价有以下几个变化:一是评价标准的变化,从设定"统一性标准"到"开放性表现"。评价结果从重"输出"到重"增量=输出－输入",主要考查学生在过程中所取得的无数进步与变化、所获得的诸多成绩与成就。二是评价角度的变化,从"针孔式评价"到"全域式评价"。由于数据采样从"样本"扩展到"总体",学生在日常学习与生活中的任何一个事件、行为都可能成为评价要点,而不是只考查特定时期的特定表现。三是评价主体的变化,从"单主体"到"多主体融合"。大数据使得教师不再是学生评价的唯一主体,每类主体基于各自对评价对象的了解进行适度评价。

从学校视角看全息智能评价,一是构建了数据采集平台,学生在学校的学习、社交、活动都会留下痕迹并被记录,为学校管理提供了庞大的基础数据资源,经过定期更新,可反映学生的基本情况,准确描绘了学生的成长发展曲线。二是数据处理结果将反馈给学校,在充分了解被评价者情况的前提下,共同营造有利于其不断发展的学习生活环境,提升人才培养质量,从而促进学生成长成才。

从学生视角看全息智能评价,一是通过评价及时有效掌握学生群体特征。基于学生日常学习与生活行为大数据技术的学生评价体系,从学生日常学习生活产生的海量数据出发,能够实时、准确反映学生思想状态的全貌,并通过挖掘数据之间的关联性,准确预测关联事件的发展趋势与可能性。二是利用大数据科学准确地为学生个性化画像。教育是要培养全面发展而富有个性的人,既要德才兼备又保持个性。随着时代发展,传统的集体教育和标准化灌输对学生教育引导作用的局限性日益凸显,结合学生群体特点与个性发展的教育方式越来越受到欢迎。全息智能评价通过对学生的学习、日常行为习惯、兴趣爱好等方面的数据收集整理,对学生进行画像,从而实现对学生的个性化发展性评价,并据此对学生进行个性化指导,结合群体特点和个性需求,有效提升针对性与实效性。三是将评价信息反馈给学生,并结合实际情况提出合理化建议。让学生充分了解现状,科学谋划未来发展,进一步凸显学生主体地位,充分发挥学生的主观能动性,将评价变成学生自主参与、自我教育的过程,在结合实际不断调整中最大程度实现个人发展。

三、本质特征

(一)全纳性

评价对象面向全体学生。学生全息智能评价的对象为学前教育到高中毕业全学段接受学校教育的每一个学生,应为每个学生提供科学、公正的教育评价,确保因材施教、人尽其才,让教育评价成果惠及所有学生。

(二)全息性

评价内容覆盖全面信息。以收集记录每一个人的全部教育信息为基础,纵向上囊括学生不同学习阶段的成长状况,横向上分类为德智体美劳等评价维度,对学生实施多层次、多指标、多角度、多侧面的综合评价,从而促进学生的全面发展。

(三)全程性

评价过程着眼全程评价。将学生阶段发展与终身受益作为评价目标,既有每个学习阶段的诊断性评价、形成性评价,又有对学生发展整体状况的动态性评价、终结性评价。

（四）全员性

评价主体强调多元参与。建立全社会共同参与的评价机制,学校收集学生成长信息,教师、家长记录描述学生发展表现,学生开展自我评价,高校和用人单位列出评价需求,专业评价机构提供评价工具和评价报告,实现学生与高校、专业更好的双向匹配,推动学校从"选分"过渡到"选人"。

第三章

实施框架

一、理论基础

(一)哲学基础:人的全面发展理论

马克思、恩格斯在其著作《德意志意识形态》中明确提出了"个人的全面发展""全面发展的个人"等概念,确定了"向完善的个人的发展""任何人的职责、使命、任务就是全面地发展自己的一切能力"等人的发展要求,对人发展的条件和社会发展的规律进行了深入探讨,形成了比较完整的人发展的价值取向。马克思认为,人的全面发展是人的最根本、最深刻的要素的全面发展。对此,马克思曾把它抽象地概括为:"人以一种全面的方式,也就是说,作为一个完整的人,占有自己的全面的本质。"[1]马克思认为,人的本质是丰富的、多层次的,是在人的需要、劳动、能力、社会关系和个性的全面发展的历史过程中不断生成的,人本质上是在一定社会关系中通过劳动历史地实现其需要、发挥其能力和表现其个性的存在物。因而,马克思的人的全面发展理论的具体含义就是人的需要、人的劳动、人的能力、人的社会关系以及人的个性等方面的全面发展。马克思把人能力的全面发展看作人的全面

---

[1] 马克思,恩格斯.马克思恩格斯全集(第42卷)[M].北京:人民出版社,1995:123.

发展的核心。相比自然能力而言,马克思认为社会能力是个包含生产力、政治力、思想力、知识力、信念力等在内的复杂能力系统,是人的能力发展的重点。而人的个性是指作为具有社会性的个人的具体的而又独特的主体性,人的个性的全面发展是人的全面发展的综合体现和最高标准,是人类社会发展的最高成果和最终目标。"在一定社会关系中通过生产劳动历史地实现其需要、发挥其能力和表现其个性的人的全面的本质的全面发展并为人以一种全面的方式所占有就构成了马克思关于人的全面发展的丰富内涵。"[1]

马克思主义关于"人的全面发展"理论,为教育发展指明了方向:培养全面发展的人,这要求教育的起点、过程、目标都要紧紧聚焦学生个性基础上的全面发展。基于对马克思主义关于"人的全面发展"理论的继承和发展,《中国教育现代化2035》提出了推进教育现代化的八大基本理念:更加注重以德为先,更加注重全面发展,更加注重面向人人,更加注重终身学习,更加注重因材施教,更加注重知行合一,更加注重融合发展,更加注重共建共享。面向中国教育现代化,教育要使立德树人根本任务真正落地,就要坚持"育人为本、德育为先、能力为重、全面发展"的理念,全面构建"全员育人、全程育人、全方位育人"的体系。这就要求服务教育发展的教育评价必须立足学生个性基础上的全面发展,落实立德树人根本任务。因此,教育评价要面向全体学生,为每个学生提供科学、公正的教育评价,贯彻《中国教育现代化2035》提出的教育现代化八大基本理念。

学生全息智能评价以促进学生全面发展为导向,收集所有学生自小学入学到终身学习的全部教育信息,纵向上囊括学生不同学习阶段的成长状况,横向上系统客观地反映学生德智体美劳全面发展情况,保证每一位学生教育信息的全面性、客观性、多元性,充分体现学生群体的个体性、差异性和评价的科学性、全体性;在此基础上,对学生发展状况进行系统分析,作出价

---

[1] 岳巍. 马克思人的全面发展理论视角下的民生思想研究[D]. 长沙:中南大学,2008:14.

值判断和发现新的价值的过程。这样,学生全息智能评价在对学生实施多层次、多指标、多角度、多侧面的评价和衡量学生综合发展状况基础上,真正挖掘出学生的个性特征,确保因材施教、人尽其才,促进学生的个性发展;厘清学生全面发展的差异和发展目标方向,保证学生在个性发展的基础上全面发展并落实立德树人根本任务,让科学的教育评价成果惠及所有学生。学生全息智能评价能正视学生个性差异,体现学生综合评价的科学性、全面性、全体性,改变唯分数、唯升学等单一的教育评价方式,把过分重视知识、技能传授变为关注教育对象的品德发展、学业发展、身心发展、兴趣特长养成等综合素质。通过多维度的全面评价,引导社会和家长树立科学的教育质量观、营造良好育人环境,扭转教育功利主义的倾向,更新人才培养观念,引导培养德智体美全面发展的社会主义建设者和接班人。学生全息智能评价完全适合马克思主义关于"人的全面发展"理论和中国教育现代化对教育评价的要求。

马克思主义关于"人的全面发展"理论为学生全息智能评价奠定了坚实的哲学基础;基于马克思主义关于"人的全面发展"理论的《中国教育现代化2035》为学生全息智能评价提出了现实需要。学生全息智能评价是教育评价领域继承和深化马克思主义关于人的全面发展学说、贯彻《中国教育现代化2035》提出的教育现代化八大基本理念的具体体现。

(二)方法论基础:全息理论

王存臻在《宇宙全息统一论》中指出:"全息"的基本含义是,部分(子系统)与部分、部分与整体之间包含着相同的信息或部分包含着整体的全部信息。所谓全息性也就是自相似性,自相似结构体系中部分具有整体的形态。每一个部分都可以称为全息元。全息元是整体的缩影,整体是全息元的重复的结果。全息元大小层次越高即全息元越大,它与整体的全息相关度就越大,反之则越小。从全息元可以推知整体的变化过程,局部静态中浓缩了整体动态的变化过程[1]。全息整体观理论认为,全息元可以是系统中的子系统,或者可以是积聚着系统整体的全部信息结构,全息元具有整体性、交换性、相关性、全域性等,也可以包含整体的信息,反映整体的全貌。

根据全息理论,立足教育和学生每一个教育全息元才能全面了解教育和学生发展的整体情况。这要求引领教育和学生发展的学生评价应该强调信息获取的整体性、多元性、历史性、丰富性、差异性和特殊性。学生全息智能评价能通过现代科学技术,收集每一个人的全部学习信息数据,将每一学生的行为表现、学习投入、学业质量、身心特征等所有学习信息都记入学习过程档案,从而监测每一个人的教育数据、刻画每一个学生的微观表现并作为评价的根据,以利于进一步查找问题原因、寻求改进方案。学生全息智能评价保证每一位学生教育信息的全息性、全域性、客观性、多元性、特殊性和学生发展信息获取的整体性、历史性、丰富性、差异性;能将学生评价作为统一、开放、多层次的系统工程,对学生个体实施多层次、多指标、多角度、多侧面的综合评价。学生全息智能评价完全适合全息理论对教育评价的要求。

全息理论为学生全息智能评价奠定了坚实的方法论基础,学生全息智能评价作为记录学习者的全部教育信息和指导学习者的个性发展方向的学生评价,是全息理论与学生智能评价融合的具体体现。

(三)心理学基础:多元智能理论

多元智能理论认为,人类智能是多元的,每个人都至少拥有包括言语—语言智能、逻辑—数理智能、视觉—空间智能、音乐—节奏智能、身体—运动智能、人际—交往智能、个人反省智能、自然观察智能、存在智能等九种智能;每个人具有自己的优势智能与弱势智能,并且具有自己独特的智能组合

---

[1] 张践明.关于全息的哲学思考[J].湘潭大学学报(哲学社会科学版),1990(03):38-40.

方式;每种智能在不同的情景及活动中表现形式各异、各具特点,智能的组合方式因时因地而变化,由此造成不同个体间的智能特性与能力的差异和各种智能发展水平参差不齐,个体间智能的差异主要是体现方式不同,不存在水平高低的区别;人类智能需要在一定社会文化背景下和具体情境中才会得以体现。这要求评价学生不仅要考察其在学校范围内的情况,更要考虑其在社会生活家庭生活中的真实体验与行为;人的智能需要在具体的社会文化情境中才能得以考察,考察与评价个体差异更需了解其所处的人文与地理环境。[1]

根据多元智能理论,任何个体在学习过程的每一阶段都有自己独特的优势智能、弱势智能及智能组合呈现方式,这要求教育者须掌握且尊重学习者的智能个性,教育评价能尊重和发现学生的智能个性,在此基础上,及时提供相应的针对性和个性化的发展策略。学生全息智能评价能全面记录每一个人的教育数据,将每一位学生的行为表现、学习投入、学业质量、身心特征等教育信息记入学习档案,以便于分析学生的个性特点,挖掘学生的优势潜能与学科潜质,引导学生认识自我与发现自我,促进学生自我调整与改进,满足学生全面发展基础上的个性化需求,关注学生个体间发展的差异性、阶段性和个体内发展的不均衡性,使每一个学生的优势智能得到充分的展示与发展。学生全息智能评价完全适合多元智能理论对教育评价的要求。

多元智能理论为学生全息智能评价奠定了坚实的心理学基础。学生全息智能评价作为判断学习者的智能个性特征和指导学习者的智能发展方向的学生评价,是多元智能理论与学生智能评价融合的具体体现。

---

[1] 佟松.多元智能视域下的多元性学生评[J].吉林省教育学院学报(中旬),2015,31(09):29-30.

(四)教育学基础:核心素养理论

20世纪60年代以来,新技术革命向纵深发展,知识经济萌芽并逐渐成为占主导地位的经济形态;知识经济时代最主要的生产要素是知识,而不再是传统的土地、货币资本。知识经济时代向教育提出新的挑战和要求。在此背景下,联合国教科文组织国际教育发展委员会于1972年发布《学会生存——教育世界的今天和明天》,提出"学会生存""学会认知""学会做事""学会共同生活"等教育的四根支柱,这奠定了核心素养理论的基础。当前,培育核心素养是世界各国基础教育理论研究和实践变革的大趋势。教育部于2014年印发的《关于全面深化课程改革落实立德树人根本任务的意见》中明确提出"各学段学生发展核心素养体系,明确学生应具备的适应终身发展和社会发展需要的必备品格和关键能力"。基于自身国情,我国将学生发展核心素养明确界定为学生应具备的,能够适应终身发展和社会发展需要的必备品格和关键能力,包括文化基础、自主发展和社会参与,其中,文化基础包括科学精神和文化底蕴;自主发展包括学会学习和健康生活;社会参与包括责任担当和实践创新。[1]2016年9月《中国学生发展核心素养》总体框架正式公布,发展学生核心素养成为新时代我国进一步深入推进素质教育的立足点。发展学生的核心素养,首先是增强学生的竞争力和提升学生的学习兴趣,以使学生能适应未来社会变化,并具备较强的智力和能力;其次是强调树立学生的情感、态度和价值观,使学生不仅聪慧,而且具备品德、文化和修养等这些内在的品质,使学生能立足于天地,畅想快乐,品德高尚;最终是培养学生的自我性、主体性、能动性。核心素养强调人的知识和能力的无极性,人只有不断地学习和奋斗,才能适应社会的变化,在未来社会才能够获得一定的职业幸福感。[2]

---

[1] 李星云.论核心素养的内涵、培育及评价[J].江苏第二师范学院学报,2019,35(02):1-5,125.
[2] 吴陈兵.核心素养研究:内涵、价值与展望[J].教师教育论坛,2016,29(02):25-29.

根据核心素养理论,教育内容、目标要定位于学生的核心素养及其在学生不同发展阶段的具体要素。这要求学生评价也要实现三大转变:学生评价要从知识立意转向素养立意;重视形成性评价,扩展总结性评价;学生评价要体现核心素养的阶段性要求。学生全息智能评价能通过移动互联网、大数据、云计算等技术手段,收集、分析并投射出涵盖学生行为特征、思想品德、认知水平、心理健康、体质健康、艺术成就等方面的个性化、立体化、全方位的成长量化数据,构建出"数字人"信息画像,实现从关注教育对象的知识、技能掌握变为关注教育对象的品德发展、学业发展、身心发展、兴趣特长养成等综合素质,真正实现从知识衡量转向对能力和素养的考查,把核心素养作为评价的主线和重点,从而助推学生核心素养的形成和发展。学生全息智能评价能关注学生学习全过程,对学生学业表现、学习方法等学习过程内容给予及时反馈,对影响学业表现的态度、习惯等进行深入分析,了解影响学生表现现状的深层原因并根据学生的个性化差异表现,推送有针对性的学生个性化的策略和培养方案,发挥形成性评价结果对学生学习的导向作用,推进学生实现学习这一素养的养成;同时,它还能不断拓展总结性评价的内容和形式,将新的评价方法应用到对学生核心素养的测评中并在评价形式与内容等方面的多样化中,实现总结性评价与形成性评价有机结合。学生全息智能评价覆盖了学生在校园内外的各种学习活动和行为表现,贯穿学生从出生到幼儿园、小学、中学、大学等整个学习和成长过程信息,能分析学生不同发展阶段认知水平、行为特征、人格特性等特点,掌握学生不同情境下学习和成长数据,能针对学生个体差异性和发展层次性设置不同水平的标准并与不同层次的情境相结合,对学生综合素质的全域关照、立体全息、主体增值和全面诊断、精准预测,关注学生发展过程与生活世界的丰富性,关注学生具体与个性的发展过程,整体把握学生发展过程、发展特点与发展趋势,发现和培育学生的个性、优势与需求,发展和挖掘学生的未来潜能,促进学生的全面发展与个性发展,促进学生的生命成长,达成"立德树人"的教育目标,实现教育价值的回归,从而引领学生综合素质评价范式转型。学生全息智能评价完全适合学生核心素养发展对教育评价的要求。

核心素养理论为学生全息智能评价奠定了坚实的教育学基础,学生全息智能评价作为评判学习者的核心素养和指导学习者核心素养的阶段性发展的学习评价,是核心素养理论与学生智能评价融合的具体体现。

(五)技术基础:人工智能理论

人工智能是模拟实现人思维的技术,是知识和思维的结合体。它的主要目的是赋予机器人特有的视听说以及大脑抽象思维能力,尤其体现在判断、推理、证明、识别学习和问题求解等思维活动上。[1]人工智能不断发展的过程,逐渐由简单的数据收集、整合与计算、人工检索技术相结合,向大数据技术应用、图像分析、语音识别等先进技术相融合的方向发展。人工智能技术在网络计算机技术发展中处于核心地位,能够有效分析、优化处理计算机系统的局部资源,及时获取相关信息,保证信息数据收集与处理的精准性、高效性。人工智能技术在网络计算机技术应用及发展中具备强大的协作能力,可以实现资料信息的优化与整合,自行发掘用户的实际需求,完成信息、资源的整合和交换,实现信息资源的有效应用。[2]

人工智能、大数据、区块链、5G网络等技术迅猛发展、不断推广和普及,大大加快了国家"互联网+"、大数据、新一代人工智能等重大战略的实施步伐。基于加快教育现代化和教育强国建设及推进新时代教育信息化发展的时代要求,教育部启动实施"教育信息化2.0行动计划",提出了坚持信息技术与教育教学深度融合的核心理念,明确了教育体系建设的五大方向:网络

---

[1] 刘克松,程广明,李尧.人工智能概念内涵与外延研究[J].中国新通信,2018(20):140-141.
[2] 郭巍.大数据时代人工智能在计算机网络技术中的应用探究[J].信息与电脑(理论版),2019(03):144-145.

化、数字化、智能化、个性化、终身化,指明了教育信息化核心就是以数字化、网络化技术主要领跑的信息化1.0时代跨越到以大数据、智能化领跑的信息化2.0时代。这为新时代教育评价的发展提供了技术支持和政策依据。基于移动互联网、大数据、云计算、人工智能等技术的学生全息智能评价借助平板电脑、智能手机、数码笔、可穿戴设备等硬件设施,实时地将不同类型的学生学习数据数字化,收集学生学习的所有静态数据、过程性数据,构建涵盖所有学生成长信息的国家教育大数据库,融合现代信息技术和教育测评技术投射出学生个性化、立体化、全方位的成长量化数据和全息影像的平台,系统分析学生发展状况并作出价值判断和发现新的价值,多维度、全方位地评价学生综合素质以促进学生全面发展,实时、针对性地给学生、教师、家长、学校提供精准服务,为学生学习、教师教学、学校管理、区域教学质量评价提供智能化、精准化、实时性、伴随式的新型教育教学质量评价方式。这为现代教育评价的"全面性"质量监测、"全员性"主体观照、"全方位性"数据搜集、"全域性"数据跟踪和时空的"开放性"、程序的"民主性"、主体的"多元性"的样态提供了技术实现手段。基于移动互联网、大数据、云计算等技术的人工智能推进现代信息技术与教育评价的深度融合,保证了每位学生学习过程信息的全面性、准确性、智能性、客观性、实时性,为网络化、数字化、智能化、个性化、终身化的学生全息智能评价奠定了坚实的技术支撑和现实物质基础。学生全息智能评价完全适合人工智能理论发展方向和基于移动互联网、大数据、云计算等技术的人工智能发展趋势,是贯彻落实《教育信息化2.0行动计划》的必然要求,是智能环境下教育评价发展的必然选择。

人工智能理论为学生全息智能评价指明了技术发展方向,基于移动互联网、大数据、云计算等的人工智能技术为学生全息智能评价奠定了坚实的技术基础,基于国家"互联网+"、大数据、新一代人工智能等重大战略的《教育信息化2.0行动计划》为学生全息智能评价提出了政策保障。学生全息智能评价是人工智能理论和技术在教育评价的应用和贯彻落实《教育信息化2.0行动计划》过程中的具体体现。

(六)评价学基础:教育评价理论

从教育评价的历史来看,教育评价已经经历了四个发展阶段(图3-1):第一代教育评价即"测量"时代,基于心理测量的研究范式,追求测量结果的客观性与标准化,以测量量表与标准化测验的推广为主要内容。第二代教育评价即"描述"时代,基于数学矩阵的研究范式,主张对数据所表征的目标矩阵和结果矩阵之间的同构描述,至此,"评价(evaluation)"一词取代了"考试(examination)"和"测量(measurement)"。其间代表性事件是"八年研究"和替代性评价革命,以泰勒为代表的学者认为教育评价是判定学习者要达到的教育目标的程度,要全方位综合采用多种方法;替代性评价革命期间,出现许多新的学生评价方法,如真实性评价(authentic assessment)、表现性评价(performance assessment)、学习档案袋评价(portfolio evaluation)、学生参与式评价(student-involved assessment)等。第三代教育评价即"价值判断"时代,基于教育价值论的研究范式,重视客观事实与主观标准的价值判断。比贝首次提出教育评价的本质即价值判断,此时,"评定(assessment)"一词取代了"评价(evaluation)"。第四代教育评价即"意义建构"时代,基于建构主义的研究范式,强调评价双方全面参与、共同协商、积极回应。在研究者看来,评价就是协调,评价结果实质是一种评价者与评价对象之间的携手协作的共同建构。

"测量"时代	"描述"时代	"价值判断"时代	"意义建构"时代
(1900—1930)	(1930—1950)	(1950—1970)	(1980—)

图3-1 教育评价四个发展阶段

纵观教育评价的历史沿革与发展,无论在评价范式与价值取向上,还是在评价方法与手段上,以及评价的内在思维方式与外在评价模式上均表现出不同的时代特质。因此,在时代意蕴上,教育评价发生了系统性的彻底变革。在研究范式上,教育评价实现了从心理测量、数学矩阵、价值解读到积极建构的转变;在价值取向上,教育评价实现了从单一的工具理性向双重的工具理性与人文理性相统一的价值理性转变;在方法与手段上,教育评价实现了从简单的工具性"量表测验",扩展到多元化的"观察""问卷""访谈""记录""收集作品"的过程性"档案袋建立",到智能化的"大数据挖掘""精准测评""深度反馈"的平台性"数据技术"的转变;在思维方式与评价模式上,教育评价实现了从单一性小样本思维向整体性大数据思维,从量化、描述、判断模式到回应模式的转变。可见,教育评价事业正在不断向现代化与专业化方向科学发展。[1]

在未来的学生评价改革中,当前学生综合素质评价的薄弱环节都应该成为改革着力点,通过不断改进而实现发展性评价,改革主要体现在以下几个方面:首先,实现评价标准的差异性。不同的学生有不同的特点,因此评价标准应具有多样性和灵活性。所谓多样性,是指根据不同的个体特征、不同的情境来设置不同的评价标准,甚至实现评价的"私人定制",追求每一个学生的发展;所谓灵活性是指在实施过程中不过于迷信所谓标准,能够根据不同的情况进行调试。其次,实现评价内容的全面化。尤其避免只重视学业成绩而忽略学生思想品德的倾向。再者,实现评价方法的多样性。恰当选择和利用量化评价和质性评价,使前者的科学性和后者的人本性得以发挥,相得益彰。另外,实现评价主体的多元化。保证学校、家长以及学生自身等多元主体对学生评价有更明确、正向的认知并发挥出各自作用。最后,实现评价过程的形成性。不拘泥于最终结果,以发展的眼光看待学生,同时

---

[1] 朱成晨,闫广芬.现代化与专业化:大数据时代教育评价的新技术推进逻辑[J].清华大学教育研究,2018,39(05):80-85.

重视评价的技术和策略。从当前现状来看,未来学校要在真正意义上——无论是认识层面还是实践层面——都实现发展性评价。[1]

立足当下,展望未来,学生全息智能评价既传承了学生评价专业化路径,体现学生综合评价的全体性、科学性;又注入尊重、热爱和完善人格的人文精神,立足学生全面发展,体现学生综合评价的发展性、多样性、全面性、差异性、形成性,实现评价双方全面参与、共同协商、积极回应和评价者与评价对象之间的携手协作的共同建构,是关照"人的发展"高度的教育评价。学生全息智能评价代表未来学生评价发展方向和潮流。

综上所述,教育评价理论为学生全息智能评价提供了坚实的评价理论基础,学生全息智能评价是教育评价向现代化与专业化科学发展的必然方向,是智能环境下实现教育评价理念更新、评价模式变革、评价体系重构的具体体现。

二、理论模型

坚持"创新、协调、绿色、开放、共享"的评价理念,在应用理论研究层面提出学生全息智能评价模型假设,分析学生全息智能评价的维度,构建评价指标体系。为进一步明确全息智能评价应该"做什么"和"怎么做"的问题,对全息智能评价平台、技术以及应用推广进行理论分析与探索。

(一)模型构建

从泰勒的"目标—行为"模式开始,到布卢姆的认知领域教育目标分类理论、斯塔弗尔比姆的CIPP评价模式[背景评价(Context Evaluation)、输入评价(Input Evaluation)、过程评价(Process Evaluation)、结果评价(Product Evaluation)]、斯克里文的目标游离评价模式、斯塔克的应答性评价模型等,都强调

---

[1] 王贝贝.对未来学校中学生评价的展望[J].教育现代化,2019(38):235-236.

促使评价的目的由"甄别、选拔"向"诊断、发展"等功能转变,转向"适合学生的教育",其目的是促进每一个学生的全面发展。在处理学生综合素质评价结果时必须兼顾质量管理和促进学生和谐发展。英国苏格兰地区启动的AifL(Assessment is for Learning)计划提出了"对学习的评价"、"为学习的评价"和"作为学习的评价"这样三种评价模式,[1]并强调这三种模式具有同等的重要性,各自有不同的适用条件和领域。

在多元化学生评价改革的背景下,学生评价突破以往单维化、单一化的单调模式,而走向了多维化、多元化的处理模式,包括其校内外生活的整合。这意味着要把学生在校学习、参与社会实践和社区服务,所发展的能力和情感作为学校教育的核心内容,并对其过程和结果做出评价,在关注其学业成绩的同时,更加关注学生的情感、兴趣、价值观的变化,关注其创新意识、实践能力、合作交流能力的发展。在实践现状上,研究者们将学生放在"多维坐标系"中,采用多把尺子、给予多个的机会,在解决传统评价模式的单一性方面提供了有益的经验。

国内学者张治等人在大数据时代的背景下,总结上海市综合素质评价工作的实践经验上,针对现行模式的局限,结合信息技术的发展,构建了多源多维综合素质评价模型(见图3-2)[2]。该模型综合考虑了多源数据的汇聚与整合,从课堂内外、正式和非正式学习环境、线下和线上学习、学习活动和生活表现等多个视角采集学生信息,获取能映射学生综合素质相关的数据,形成系统、完备的学生成长大数据,建立学习分析模型,对学生综合素质进行多维度、全方位的评价,形成基于大数据的学生个体和群体的综合素质数字画像。

---

[1] The Scottish Government. AifL-assessment is for learning INFORMATION sheet[EB/OL].(2005-09-16)[2014-06-04].http://www.scotland.gov.uk/Rescource/Doc/69582/0017827.pdf.
[2] 张治,戚业国. 基于大数据的多源多维综合素质评价模型的构建[J].中国电化教育,2017(09):69-77,97.

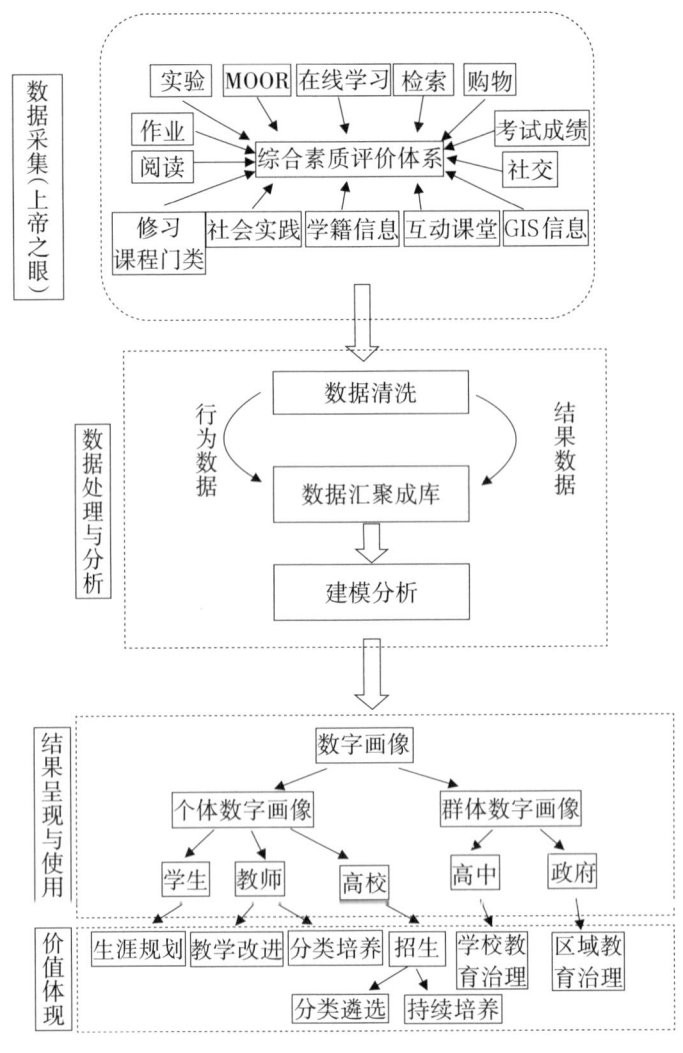

图 3-2 多源多维综合素质评价模型

该模型与全息智能评价所强调的"大数据对学生综合素质的全面诊断、精准预测可以促进学生的生命成长,实现教育价值的回归。大数据对学生综合素质评价的全域关照、立体全息和主体增值,可以推进'以学生为中心'智慧评价体系的构建"相吻合,可为全息智能评价模型的建立提供借鉴的思路。

---

1 杨鸿,朱德全,宋乃庆,等.大数据时代学生综合素质评价:方法论、价值与实践导向[J].中国电化教育,2018(01):27-34.

为了在常态化的情境中全面地获取学生综合评价信息,在借鉴多源多维综合素质评价模型的基础上,尝试构建一套较为完整的基于大数据的学生全息智能评价模型。结合数据挖掘的一般流程,把评价模型的核心模块分成:数据采集、数据处理与分析、结果呈现与使用、价值体现四个部分(如图3-3)。

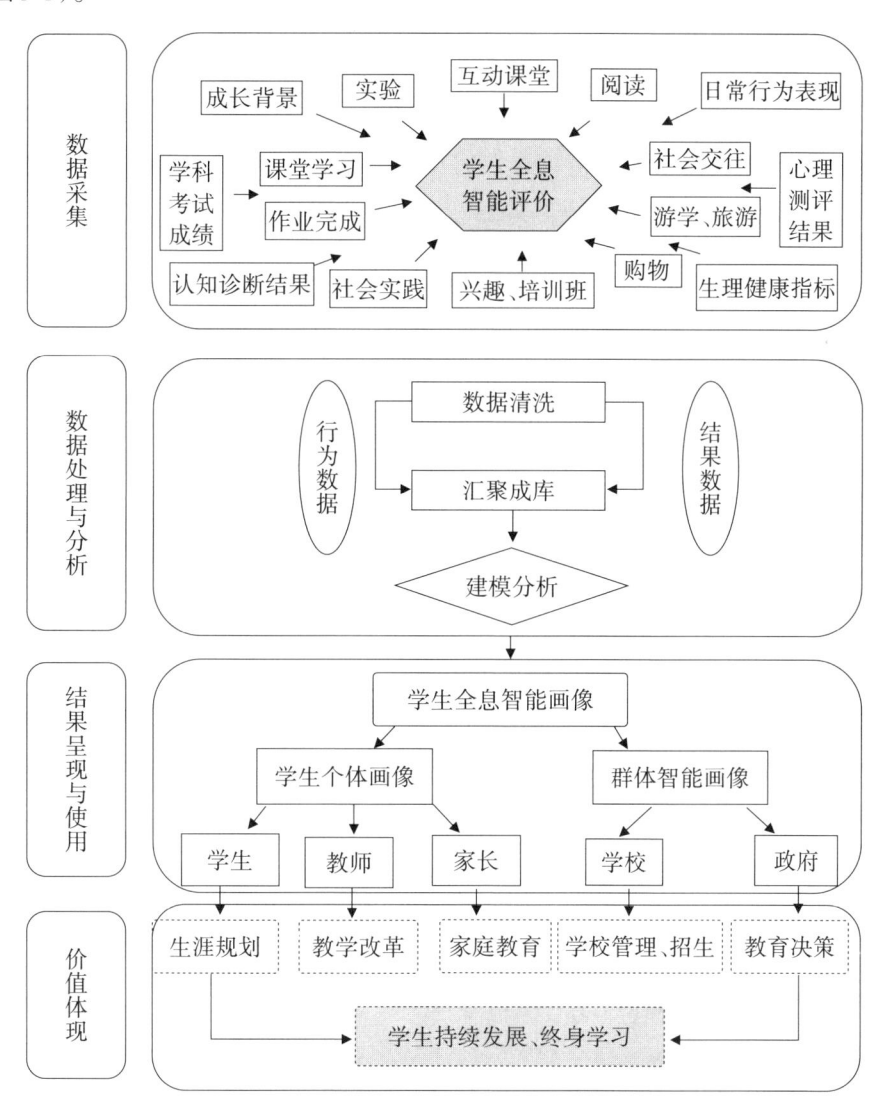

图3-3 学生全息智能评价模型

学生全息智能评价数据的采集强调全方位、全过程,对学生的全息评价要将学生放在其学习生活的环境中多维度获取数据,并利用大数据平台挖掘更多的数据。数据采集后,要进行预处理,根据指标体系对数据进行分类筛选。根据数据分析模型进行分析挖掘,为学生个体和群体进行数字画像,从而客观分析学生综合素质发展状态。数据分析结果通过数据可视化的方式,提供给不同的利益相关者,便于学生、教师、家长、学校、政府能清楚地了解教育发生了什么、学生学习发展情况、学生全息评价结果。最后,把基于大数据的学生全息智能评价结果及时用于个体生涯规划、教学改革、家庭教育、学校管理和办学服务提升、高校分类遴选和持续跟踪培养、教育决策等用途。全息智能评价以数据为基础,兼顾量化和质性评价方式。大数据设备、智能平台在自然状态下收集学生的学习内容数据、学习过程数据、学习方法数据、学习结果数据等,同时对收集的数据进行挖掘和分析,在注重结果的同时,也关注过程,既注重量化数据,也注重其他难以量化的信息数据,对有关学生发展的教育数据进行分析和描述。即对学生发展可以量化的指标赋值进行比较判断,对无法量化的指标采用专家结合具体情况定性评价的形式,充分发挥评价的导向和激励作用。动态评价与静态评价相结合,即评价过程兼顾静态的横向比较与纵向的动态比较,通过横向比较把握学生整体发展情况,有针对性提升教育水平,通过纵向比较掌握学生个体发展趋势,做出发展性评价。

(二)要素分析

学生全息智能评价理论模型要素分析解决学生全息智能评价模型"采集哪些数据""数据如何处理与分析""结果如何呈现"及"如何体现价值"等问题。

1. 数据采集

"学生全息智能评价到底采集哪些数据"是该理论模型的本体性问题。数据的采集围绕学生全息智能评价内容标准,即"评什么"来进行。学生全息智能评价内容标准是能够反映学生综合素质的指标集合。通过科学、简化的指标反映学生综合素质的发展水平,系统、全面、高效地监测学生成长的状况,促进学生个性化全面发展。

学生全息智能评价数据采集的依据主要源于以下四个方面。一是借鉴国际经验,参照已有的较为成熟的国外学生评价标准。主要依据国际学生学业评价项目PISA[1]、21世纪技能学习框架[2]、美国ASCA学生国家标准[3]、日本学生评价[4]、新加坡学生综合素质评价[5]等。二是教育部相关教育政策文件,以及北京、上海等不同地区的评价标准,如上海市于2006年印发《上海市中小学生综合素质评价方案》,拟定了三级评价指标,其中一级指标为"德、智、体、美"4个,二级指标12个,三级指标30个[6]。2017年北京市制定了《北京市普通高中学生综合素质评价实施办法(试行)》[7],明确了以道德品质、学业成就、身体健康、心理健康为评价支柱,结合学生的体艺特长、创新成果或其他突出方面评价学生的综合素质。2018年上海市教委发布《关于

---

1 WIKIPEDIA. Programme for international student assessment[EB/OL]. [2016-07-26]. https//en.wikipedia.org/wiki/Programme_for_International_Student_Assessment.

2 Scardamalia M, Bransford J, Kozma B, et al. Assessment and teaching of 21st century skills[M]. Netherlands: Springer, 2015: 110.

3 American School Counselor Association. ASCA national standards for students[EB/OL]. (2014-01-30) [2015-12-22]. http://www.doc88.com/p-7184318021452.html.

4 齐树同. 21世纪日本、新加坡两国中小学生需要具备的核心素养[C]// 北京教育科学研究院学术年会. 2015.

5 Koh K H, Tan C, Ng P T. Creating thinking schools through authentic assessment the case in singapore[J]. Educ ASSE ACC.2012, 24(24): 135-149.

6 关于印发《上海市中小学生综合素质评价方案(试行)》的通知[EB/OL]. [2016-09-03]. http://www.shanghai.gov.cn/nw2/nw2314/nw2319/nw12344/u26aw8351.html?date=2006-09-14.

7 北京市教育委员会关于印发北京市普通高中学生综合素质评价实施办法(试行)的通知[EB/OL].[2017-07-06]. http://jw.beijing.gov.cn/xxgk/zxxxgk/201805/t20180523_50152.html.

印发〈上海市普通高中学生综合素质评价实施办法〉的通知》,从"品德发展与公民素养""修习课程与学业成绩""身心健康与艺术素养""创新精神与实践能力"等四个维度出发构建评价指标体系[1]。2020年《深化新时代教育评价改革总体方案》指出要创新德智体美劳过程性评价办法,完善综合素质评价体系。三是根据日常观察、生活实践等对指标体系进行修正。四是根据信息化特点界定评价指标的属性。

全息智能评价全方位收集学生的成长信息,结合当下我国教育政策法规、中小学生综合素质评价的实际,考虑到信息化的特点,遵循指标的全面性、合理性、发展性、动态性、代表性、可测量性和整合性等原则,以"成长环境""校内发展""校外拓展"作为收集学生客观数据的三大模块,较为全面地获取学生成长的客观数据。

(1)成长环境:家庭是孩子成长最初也是最重要的环境。国内外学者的研究表明,家庭比学校和社区更能影响学生,而且家庭社会经济地位变量对孩子的学业成就和个人发展有显著的影响。通常把家庭收入、父母受教育程度、父母的职业作为家庭社会经济地位(SES)的衡量指标。家庭经济收入的多少决定着一个家庭能为子女提供多少物质投资。父母的受教育水平在一定程度上反映了一个家庭所拥有的文化层次,可以影响到家庭内部的教育代际流动,子女可以从父母身上传递到的文化现状。父母的职业声望是一个家庭所处的社会阶层以及权力身份的象征,父母的职业声望越高,子女能获得的优势教育资源就能越多。此外,家庭子女数量也是影响学生的重要因素。

学籍管理系统用于记录每一个学生的入学、毕业、每学年考试成绩、升留级处理等信息,记录着学生的各学段学习、奖惩情况等基本数据。学籍数据可以作为权威的底层数据源,用户经由统一身份认证系统登录,获取连续

---

[1] 关于印发《上海市普通高中学生综合素质评价实施办法》的通知[EB/OL]. [2018-11-12].http://edu.sh.gov.cn/html/xxgk/201811/424042018007.html.

性成长数据。

居住数据可以反映出学生的家庭所处环境,通过学区定位获取相关的房价,从侧面反映出家庭经济地位和生活条件。

考虑到全息智能评价涵盖各级各类学生,针对残障类特殊学生和农村或家庭困难的学生,学校会提供相应的补贴,如午餐补贴、贷款补贴、农村寄宿生活费补贴等。将这部分数据纳入全息智能评价的指标体系中,能够更为全面地反映学生的成长环境。

(2)校内发展:学校是教育的主要场所,要全面收集学生在校期间的综合素质评价的数据。根据《教育部关于加强和改进普通高中学生综合素质评价的意见》(教基二〔2014〕11号),将学校发展的评价内容分为思想品德、学业水平、身心健康、艺术素养和社会实践五个维度。

思想品德。教育的重要任务是促进个体的社会化,个体社会化的重要表现是做出符合社会期望的行为,这是以良好的思想品德为基础的。良好的思想品德包含两方面:一是思想品德,即拥有正确的人生观、价值观、世界观和社会舆论。二是"公民素质",指的是与一个国家法律制度、政治制度相适应的品德、知识、机能、情感。该项指标的测量可以从思想品德意识和思想品德行为入手,考虑到指标的可操作性,细化为"思政道法课成绩"和依据相关守则的"日常行为表现"(表3-1)。

表3-1 全息智能评价学生表现评价内容

评价要点	详细说明
作业完成情况	学生每月家庭作业的完成情况,是否按时交作业,书写工整性、作业完成质量的等级(优、良、中、差)
出勤	两操出勤(学生早操和课间操的出勤情况:是否参加、是否迟到)、课堂考勤(学生每节课的出勤情况,包括早晚自习,记录迟到、早退、请假、旷课)

(续表)

评价要点	详细说明
仪容仪表	学生头发(烫发、染发、怪发等)、穿着、饰品(项链、耳环)、指甲(长指甲、指甲油)、卫生干净整洁等方面
违纪违规	学生违反校纪校规的情况
先进表彰	学生获得年级表彰、班级表彰、学校及以上先进表彰(校三好、区优干、市一等奖等)的情况
应对困难和挫折的典型表现	可选择应对困难与挫折等典型案例记录(有就记录,没有就不记录)
班级服务与贡献	担当班委、课代表、清洁委员等
人际交往	师生关系、同伴交往、帮助他人

学业水平(图3-4)。人生的一切思想、学问、能力、智慧都来自学习,学习能力和学业水平的高低直接决定着一个人生活、生存质量的高低。"学习成绩"是反映学生对各学科知识的基本理解和掌握程度的最直接的证据,但成绩作为结果性的表现,忽视了学生的学习过程和学生的心理过程的变化。"学习态度"是指学习的心态和兴趣,是推动学生认识事物、探求真理的强大动力。学习不仅限于接受知识,更重要的是培养起热情、自信心、好奇心等非智力因素,学会如何发现真理比掌握真理更重要。而"学习策略"要求学生能制定和达成自己的学习目标,并监控、调整、反思、迁移自己的学习过程。

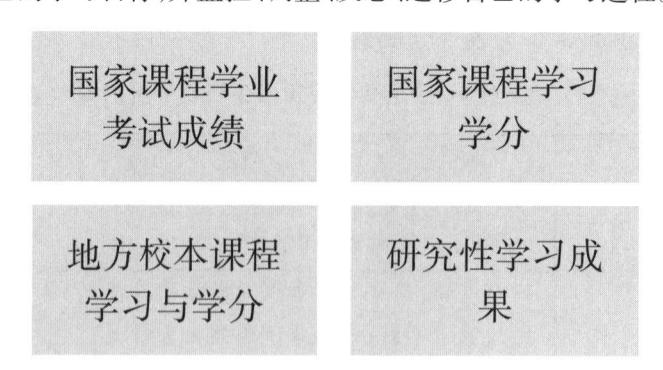

国家课程学业考试成绩	国家课程学习学分
地方校本课程学习与学分	研究性学习成果

图3-4 学生全息智能评价学业水平评价内容

身心健康。不仅包括"生理各项指标健康",具有健康的体魄,还包括

"心理健康",即具有良好的心理素质。现代社会的开放性、复杂性、易变性以及人际的冲突、价值观念的互异,都会使学生的心理问题在不同程度上出现心理失衡、心理障碍和心理疾病等问题。提高学生的心理素质,就是要培养学生在现代社会条件下,正确面对成功与失败、机遇与挑战,树立心理健康意识,优化心理品质,增强心理调适能力和对社会生活的适应能力。另外,"健康的生活方式"也非常重要,体育锻炼、正确的卫生与保健习惯与方法,充足的睡眠时间、"阳光一小时"的体育运动都至关重要。

艺术素养。美育是素质教育的重要组成部分,通过美育可以培养学生感受美、鉴赏美、表现美的能力,使他们能正确地分析、看待周围的人与事物,增强分辨美、丑、善、恶的能力,从而提高其综合素质,促进其全面发展。"审美情趣"可以通过问卷数据、关键行为呈现来获取,艺术修养则通过艺术类表现凭证来证明。培养学生的审美和艺术素养,使学生的创造灵感更活跃,美化学生的心灵。

社会实践(图3-5)。当前的综合实践活动主要分成"社区服务(福利院、街道社区等)"、"社会实践(军训、农村生活体验等)"和"研究性学习(研究性学习成果)"三大类。实践是将知识转化为能力不可缺少的途径,学生应从小开始锻炼其实践能力,强化实践意识,积极参加课外活动,学会使用自己所学的工具和技能发现问题、提出问题、探究问题,引发批判性思维、发散性思维。

此外,交流与合作是对现代人的基本要求。学生首先要学会表达自己的看法,主动与他人沟通交流,清晰灵活地展现自己的观点。同时,要善于倾听他人的想法,理解他人的角度,以团队形式相互合作解决问题,建立和维护好各种关系。

(3)校外拓展:基于校外生活的复杂性和多样性,对学生在校外的评价主要依据是开放式的关键行为自我呈现。关键事件法是由美国学者福莱·

诺格(Flanagan)和伯恩斯(Baras)在1954年共同创立的。其中,"事件"是指任何可观察的活动,应发生在一种目标与意向非常清楚的意境中,具有足够的完整性,从而可以对人们的表现作出推断和预测;"关键"是指对整个活动目的而言,发挥了重大作用,不论是积极的或者是消极的。弗拉纳根将该方法描述为"一套通过直接观察和收集人类行为,并有效地提炼出其潜在价值,用以解决实际问题的过程。"[1]

学生的"关键行为"或者"关键事件"是学生在校外的生活实践中的重要事件,是学生引起、维持、促进自身综合素质发展的所有行为,通过叙事或呈现关键证据的方式,还原真实情境。主要包括导致行为发生的原因和背景、学生的特别行为、关键行为的后果、学生自己能否支配或控制上述后果等。大量收集这些关键信息以后,可以分类并总结出学生行为的关键特征,了解学生行为的动态特点,勾画出学生在校外拓展中的人物画像。

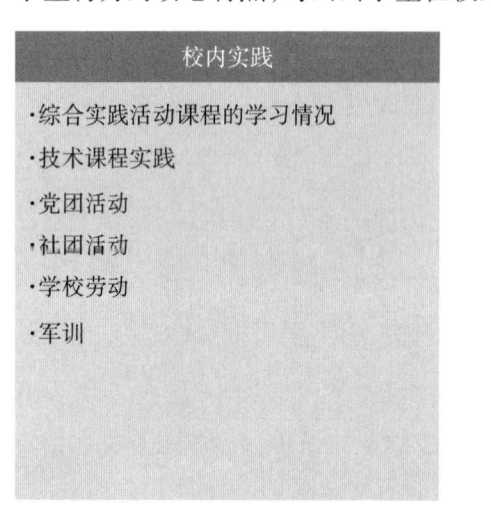

校内实践	校外活动
·综合实践活动课程的学习情况 ·技术课程实践 ·党团活动 ·社团活动 ·学校劳动 ·军训	·生产劳动 ·勤工俭学 ·生存体验 ·社会公益劳动 ·志愿者服务 ·参观学习 ·社会调查 ·家乡生态环境考察 ·研修旅行

图3-5 学生全息智能评价社会实践评价内容

2.数据处理与分析

"学生全息智能评价系统如何处理与分析数据"是该理论模型的操作性

---

[1] Flanagan JC. The Critical Incident Technique[J]. Psychological Bulletin,1954,51(04):327-358.

问题。运用现代信息技术开展学生立体评价是一项十分复杂的系统工程。这项工程在总体规划上要做到统筹,既要尊重学生成长及其教育规律,又要具有时代性,反映社会发展的新需求;在信息采集上要做到全息,既能够在全局中审视一域,也能够在一域中洞见全局,把学生在校学习、在家学习与在社会上学习的评价融为一体;在价值判断上要做到全面,既有纵向评价的时间长度,也有横向评价的视域宽度;在功能实现上要做到协调,既要促进学生全面发展,也不能千篇一律,失去个性。这必须一开始就在国家或者省域层面做好顶层设计,搭建好基础框架。

(1)建设学生立体评价网络平台。

网络平台是开展学生立体评价的物质载体。网络平台因服务对象范围的不同可大可小,就整个国家而言,在纵向上包括国家中心平台、地方分中心平台、学校和用人单位等网点平台;在横向上每一级平台的内部架构围绕数据采集、处理、运用形成三位一体的运行结构,由三个中心支撑:一是全息数据中心,负责采集、分类和储存学生学习和成长数据;二是智能评价中心,负责按照用户的需要进行学生立体评价,并按照"谁评价谁负责"的原则,生成、出具、储存评价报告;三是服务运维中心,负责根据用户的需要提供基于立体评价而开展的改进学习和教学、招生、选人等增值服务,并对系统进行维护。(图3-6)

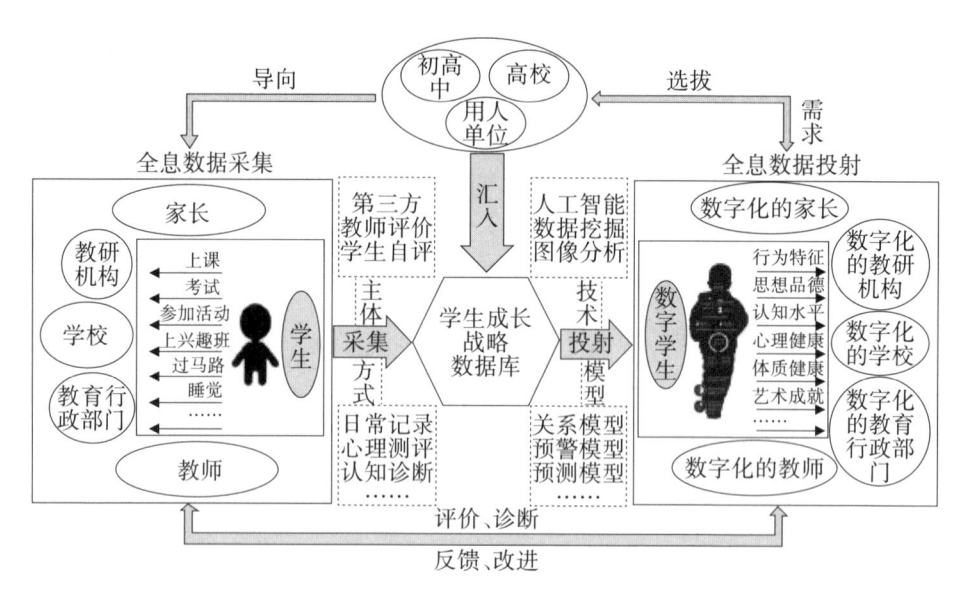

图3-6 学生全息智能评价平台

相对于当前更多的是通过对学生在线行为数据的采集,如鼠标点击、键盘敲击以及在线作答等途径实现的数据收集与采集,全息智能化学习评价则会在此基础上进一步采用伴随式数据采集与整理方式。无论是知识的学习,还是技能的练习甚至包括学生社会实践或社区服务,针对学生学习、练习或实践的过程,通过全域式网络架构与学生随身携带的智能感应终端,学习与评价系统伴随式采集学生学习过程的数据,即如学习或练习的时长、提交的论文或作品、实验过程或体艺技能练习的全过程、社会实践或社区服务过程。上述信息能够在学生不知不觉、不需特别配合的学习过程中就被记录和采集到平台中来。也正是从这个意义上而言,有学者认为,大数据时代背景下,学生学习数据的生成只是在线学习的伴随物或副产品。[1]当然,该信息的采集、管理和使用都要提前和学生及家长协商一致,必要时签订伦理协议,不得无故对外泄露学生信息,以保护好学生的个人信息和隐私不受侵犯。

---

[1] Bill C, Mary K. Big Data Comes to School: Implications for Learning, Assessment and Research[J]. AERA Open, 2016, 2(02):19.

（2）开发学生立体评价技术工具。

我们所处的时代并不是"机器换人"的时代，而是"人机共舞"的时代。[1] 运用现代信息技术开展学生立体评价，既要发挥人的作用，也要发挥机器的作用，重点是研发服务于立体评价的智能技术。一是要研发数据采集、挖掘、呈现、反馈、储存与保障技术，能够让评价及其服务建立在学生学习与成长的"完全信息"基础上；二是要研发现代测评技术，包括量表测验技术、学业测评技术、虚拟现实测评技术、学生能力自适应测评技术等，提高评价的合理性和适应性；三是要研发风险防控技术，除了信息网络基础风险管控技术外，还包括信用缺失风险管控、信息泄露风险管控、应用效率风险管控等技术。通过这些智能技术的开发，推动学生立体评价实现"人完成评价—机器整理呈现""人评为主—机器辅助分析""人机共舞评价"三步走的目标。同时，还要开发学生立体评价工具，包括学业测试、综合素质评价、调查问卷、网上阅卷、报告生成、招生选拔、选用匹配等工具，根据用户需要采取"模型库+个性化"的方式为其提供立体评价服务。学生全息智能评价技术路线图可参考杨鸿、朱德全、宋乃庆等专家研制的大数据与学生综合素质评价耦合逻辑框架图（见图3-7）。

---

[1] 唐林伟，黄思蕾．从"机器换人"到"人机共舞"——工业4.0进程中工程技术人才角色定位与教育形塑[J]．高等工程教育研究，2020（04）：75-82．

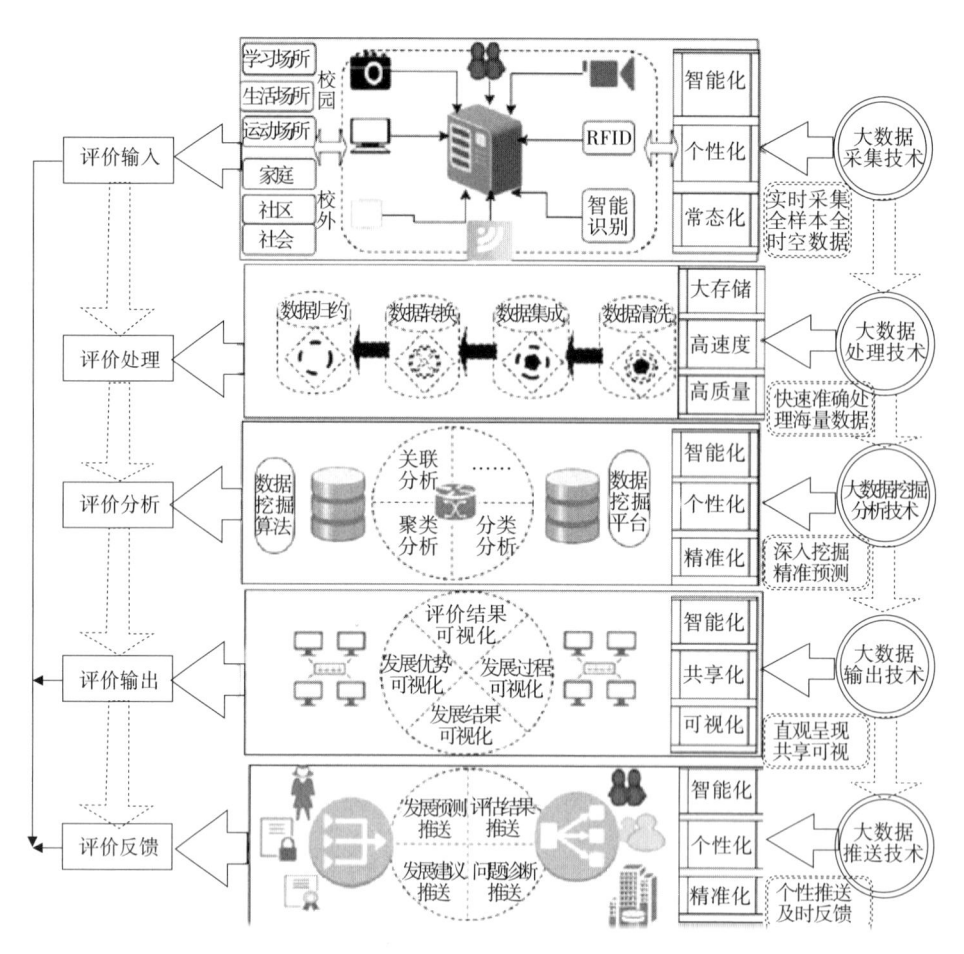

图3-7 学生全息智能评价技术路线[1]

3.结果呈现与使用

"学生全息智能评价的结果如何呈现与使用"是该理论模型的运行问题。通过搭建学生立体评价数字社区、建立体制机制达到根据需要智能化地形成学生全息数字画像，自动生成报告的目的。

（1）搭建学生立体评价数字社区。

上述全息数据中心、智能评价中心、服务运维中心在网络平台内部相互联通、相互支撑、相互协同，共同建立起以学生为中心的数字社区。在这个

---

1 杨鸿,朱德全,宋乃庆,等.大数据时代学生综合素质评价:方法论、价值与实践导向[J].中国电化教育,2018(01):27-34.

数字社区中,每一个现实中的学生都对应一个经过数据处理了的数字学生。用户可以通过网络平台的界面进入系统,按要求上传学生学习和成长情况数据,按权限可视化地了解某一个学生、某一个班级、某一所学校,或者某一个学生群体的学习和成长状况,输入个性化的服务需求即可获得相应的立体评价服务。比如,校长要了解全校学生创造能力发展情况,向系统发出指令后,系统可借助智能分析技术,基于学生全息数据库和相关策略库,形成学生全息数字画像(图3-8),自动生成报告,提出建议。

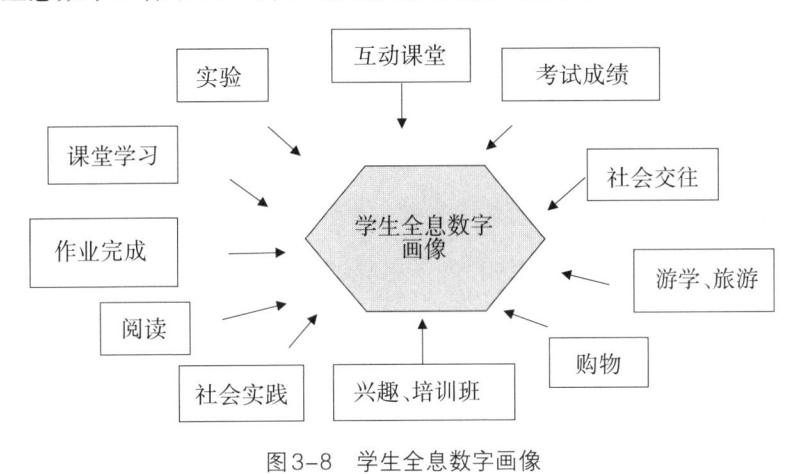

图3-8 学生全息数字画像

(2)健全学生立体评价体制机制。

任何一个信息处理系统都包括输入、处理、输出三个环节。运用现代信息技术开展学生立体评价,基于网络平台,输入端要有海量的采集数据,平台里要有智能的运行处理,输出端要有科学的评价服务。无论是数据采集、运行处理,还是评价服务都不是纯粹的技术问题,需要严密的组织体系、科学的制度规范、高效的运行机制来保障。《深化新时代教育评价改革总体方案》明确"探索建立学分银行制度,推动多种形式学习成果的认定、积累和转换,实现不同类型教育、学历与非学历教育、校内与校外教育之间互通衔接,畅通终身学习和人才成长渠道",这是宏观的制度安排。在这样的制度架构下,需建立资格管理考核、过程监控、质量保证、报告发布、结果使用等多层级的制度体系,规范人们的行为;建立学生立体评价的运行机制,对采集数据、立体评价、评价服务等流程进行设计,确保运行流畅。

4.价值体现

"学生全息智能评价结论如何体现价值"是该评价模型的应用性问题。

将评价的标准体系、全息数据、智能模型内置于评价网络系统,学生立体评价就有了硬件、软件和数据的基础,就可以根据需要提供学生评价服务。

(1)服务于招考选拔。当上一级学校需要招生时,可将招生条件和标准输入评价网络系统,系统通过智能运算自动匹配符合条件的学生供学校选招,以实现因材施教,选择适合的学生进行合适的教育。当社会单位选人用人时,将招考条件和标准输入评价网络系统,系统也会自动筛选符合条件的人员供单位选招,以实现人岗相适,人尽其才。

(2)服务于教育发展。评价的最大功能在于促进发展。学生可根据立体评价选择课程、专业和学科,进行生涯规划等;教师可根据立体评价了解自己的教学效果,选择最有效的教学策略,实施有针对性的教学;家长可根据立体评价了解教育效果,选择适合孩子的教育。更为可期的是,学生立体评价网络平台建立后,学校、家庭和社会有了共同的教育基础——学生立体评价,都可以基于其评价结论进行教育,多年言说的家校社三位一体教育体系将因此而真正建立起来。

(3)服务于教育改革。学生、教师、学校管理者进入学生立体评价网络系统,可以按照授权浏览相关信息,了解学习情况,进行学习分析,实施学习管理,获取改进策略等,"教-学-管"将真正从"知识为中心"转向"学习者为中心",从建立在"经验-感知"基础之上转变为建立在"数据-分析"基础之上,其策略将更加精准化、链条化、个性化。教育学也将从"基于经验的科学"走向"基于数据的科学"。当然,这里的数据并非剔除了经验,而是让经验变成数据,参与运算与分析。

(4)服务于教育治理。教育行政部门人员和学校管理者可以通过电脑、手机等进入评价网络系统,按照权限浏览相关信息,借助系统的各种软件和工具,实施智能化、可视化、实时化管理。据此可以掌控全局,监测动态,防控风险,检验效益,实施考核,改变治理策略。可以说"一屏在手",便可实现教育治理顶端与教育实践终端的无缝对接,彻底解决"治理沉不下去""最后一公里阻隔"等问题,教育治理将更有针对性、科学性和实效性。

研究性活动一

主题:致敬改革开放40年,昂首奋进新时代

背景:

改革是中国进步发展的动力,中国的改革创造了辉煌的成就。改革开放,是决定当代中国命运的关键一招,也是决定实现"两个一百年"奋斗目标、实现中华民族伟大复兴的关键一招。改革开放使中华民族迎来了从富起来到强起来的伟大飞跃。40年来(此研究性活动正好在改革开放40年之际),改革开放影响到我们每一个家庭、每一个人、每一个社区。我国已转向高质量发展阶段,制度优势显著,治理效能提升,经济长期向好,物质基础雄厚,人力资源丰富,市场空间广阔,发展韧性强劲,社会大局稳定,继续发展具有多方面优势和条件。

然而,改革只有进行时,没有完成时。2020年10月14日,习近平总书记在深圳经济特区建立40周年庆祝大会上提到要"以一往无前的奋斗姿态、风雨无阻的精神状态,改革不停顿,开放不止步,在更高起点上推进改革开放"。回顾改革开放伟大成就和经验,有利于我们认清当前的机遇、任务和挑战,趋利避害,奋勇前进。

任务主题:

对改革开放四十年的主题展开思考与研究性学习,包括但不限于:

(1)调研改革开放四十年来家庭、村庄、社区的变化;

(2)综述改革开放四十年来我国经济、政治、文化、社会、生态等领域的重大成果和进步;

(3)根据改革的经验,阐述自己对全面深化改革的认识;

(4)发现当前改革遇到的难题,提出独到的应对建议;

(5)畅想第二个百年奋斗目标实现后的中国。

任务形式：

选择或自创一个或多个主题，创作一个作品。作品形式包括但不限于文本类（如调研报告、论文）、绘画类、视频类（如微电影、访谈实录、新闻短片）、编曲、摄影作品、表演等。作品的要求：

(1)政治方向正确，契合主题；

(2)原创性。来自网络等图片、论文、文字、视频要准确标明引用来源；

(3)文字不少于800字（诗歌除外）；视频5分钟以内；图片5M以内；

(4)作品规范性。文本类作品格式要求见《文本类作品规范样式》附件，视频格式为MPG或MP4格式；图片为JPG、PNG或GIF格式。

任务互评：

对其他同学的作品进行评价，培养辩证思维能力和批判精神，同时，相互学习，反思自己的不足。

任务反思：

对完成本研究性学习的改进设想和成长进行感悟和反思。

作品将从三个方面进行评价：

(1)学科素养（占比70%）：体现鲜明的政治认同、科学精神、法治意识、公共参与；

(2)综合素养（占比25%）：如语言表达、创新性、艺术性、数理逻辑等；

(3)学术规范（占比5%）：如不存在抄袭、伪造、篡改等学术不端行为。

参与形式：

个人独立完成。

完成时间：

(1)××月××日—××月××日完成成果上传；

(2)××月××日—××月××日完成校内成果互评；

(3)××月××日—××月××日完成感悟与反思。

结果展示：

(1)班级内互评，平台根据评价结果对学生的综合素质能力进行等级评分。

(2)各班评分在前25%的学生在全校范围内展示。

(3)全校评分在前15%的学生在全区范围内展示。

(4)全区评分在前10%的学生在全市范围内展示。

其他要求：教师解读

(1)任务开始前班主任或政治教师对学生进行任务引导、教育、动员；

(2)班主任或政治教师向学生解读学科素养、综合素养和学术规范等。

研究性活动二

西南政法大学案例分析研究性学习

阅读下列案件材料,回答后面的问题:

2016年8月至10月12日间,赵×华在河北区李公祠大街亲水平台附近,摆设射击摊位进行营利活动。赵×华的摊位是从一个老汉处转手过来的,用玩具枪打气球,用的是塑料子弹;刚接手该摊位两个多月,因为白天不许摆摊,每天晚上八九点钟出摊儿,到十二点钟左右收摊儿,两个月内也没有什么事发生。

2016年10月12日22点左右,赵×华被抓。判决书显示,公安机关在巡查过程中将赵×华抓获归案,当场查获涉案枪形物9支及相关枪支配件、塑料弹,经天津市公安局物证鉴定中心鉴定,涉案9支枪形物中的6支为能正常发射、以压缩气体为动力的枪支。

12月27日,河北区法院对赵×华案作出一审判决,法院认为,赵×华违反国家对枪支的管理制度,非法持有枪支,情节严重,其行为已构成非法持有枪支罪;辩护人所提赵×华具有坦白情节、系初犯、认罪态度较好的辩护意见,予以酌情采纳;判决赵×华犯非法持有枪支罪,判处有期徒刑3年6个月。

根据2010年公安部印发的《公安机关涉案枪支弹药性能鉴定工作规定》,对不能发射制式弹药的非制式枪支,当所发射弹丸的枪口比动能大于等于1.8焦耳/平方厘米时,一律认定为枪支。近年来,1.8焦耳/平方厘米的标准一直饱受争议,被认为过低,不合常识。

2016年8月10日,《检察日报》刊发评论称,对于大多数普通人来说,1.8焦耳/平方厘米是个模糊的数字,也没有任何权威部门对这个标准的致伤力进行过描述。评论还称,1.8焦耳/平方厘米的标准与0焦耳/平方厘米几乎没有分别,几乎是沾边就犯罪。

该案宣判后,引发了巨大争议,赵×华不服一审判决,遂提起上诉。2017年1月26日,二审法院以非法持有枪支罪改判赵×华有期徒刑3年,缓刑3年(给3年考察期,暂时不用执行刑罚)。

回答问题(两个问题任选一个):

1.假如你是检察官(主张对赵×华定罪判刑),请围绕该案发表法律意见,限时10分钟。

2.假如你是赵×华聘请的辩护人(主张赵×华无罪或者罪轻),请围绕该案发表法律意见,限时10分钟。

附录:相关法律规定

一、《刑法》第一百二十八条第一款【非法持有、私藏枪支、弹药罪、非法出租、出借枪支罪】违反枪支管理规定,非法持有、私藏枪支、弹药的,处三年以下有期徒刑、拘役或者管制;情节严重的,处三年以上七年以下有期徒刑。

二、《最高人民法院关于审理非法制造、买卖、运输枪支、弹药、爆炸物等刑事案件具体应用法律若干问题的解释》第五条第二款的规定(对"情节严重"的解释)。具有下列情形之一的,属于刑法第一百二十八条第一款规定的"情节严重":

(一)非法持有、私藏军用枪支二支以上的;

(二)非法持有、私藏以火药为动力发射枪弹的非军用枪支二支以上或者以压缩气体等为动力的其他非军用枪支五支以上的;

(三)非法持有、私藏军用子弹一百发以上,气枪铅弹五千发以上或者其他非军用子弹一千发以上的;

(四)非法持有、私藏手榴弹三枚以上的;

(五)达到本条第一款规定的最低数量标准,并具有造成严重后果等其他恶劣情节的。

三、2010年公安部印发的《公安机关涉案枪支弹药性能鉴定工作规定》鉴定标准:

(一)凡是制式枪支、弹药,无论是否能够完成击发动作,一律认定为枪支、弹药。

(二)凡是能发射制式弹药的非制式枪支(包括自制、改制枪支),一律认定为枪支。对能够装填制式弹药,但因缺少个别零件或锈蚀不能完成击发,经加装相关零件或除锈后能够发射制式弹药的非制式枪支,一律认定为枪支。

(三)对不能发射制式弹药的非制式枪支,按照《枪支致伤力的法庭科学鉴定判据》(GA/T 718-2007)的规定,当所发射弹丸的枪口比动能大于等于1.8焦耳/平方厘米时,一律认定为枪支。

评分标准(重点考查考生分析问题的能力和批判性思维):

【好(80分以上)】:思路清晰,理解透彻、有独到见解,论述深刻,语言流畅。

【中(70-79分)】:思路较清晰,理解较到位、有一定见解,论述基本得当,语言较流畅。

【差(60-69分)】:思路欠清晰,理解有偏差、观点模棱两可,论述欠妥,语言欠流畅。

评分参考:观察和评判,请重点把握以下方面:

一、回答问题,应侧重从刑法学、法理学等专业视角作答。

二、评判时,请着重考查回答问题所涉及专业知识的广度与深度、思维及反应能力、分析问题及应用能力、表达能力等。

三、从形式上来看,法院的判决完全符合法律的规定;从实质上来看,枪支的认定标准过低,被告人不应当被定罪科刑。

第四章

尺度建构

学生全息智能评价是在智慧教育发展的背景下,以全程、全面、全景反映学生综合素质为导向,以人工智能、大数据等评价技术为保障的学生评价新形态。学生全息智能评价的主体呈现多元化,要实施评价就需要选择适当的评价尺度,确定评价的尺度是开始评价必须首先面对和解决的问题。认识事物的基本规律是从原始概念开始,从一般到个体、已知到新知,逐步具象、细化和聚焦的理解和认知过程。研究学生全息智能评价尺度,首要任务是形成基础认识和明确基本特性。

一、概念体系

(一)学生全息智能评价尺度的内涵解读

从语义方面,"尺度"一词在汉语中解释为"准绳、衡量长度的定制",引申意思是指规定的限度;准则、法则;计量长度的定制;尺寸、尺码。基于此,有学者论证指出,"尺度是一种具有标准性质的参照系"。[1]同理,"评价尺度"即是指判断某种事物价值所依据或参照的属性。

---

[1] 刘云生.教育尺度:意涵与关系[J].教育研究,2016,37(05):14-20,54.

从哲学角度,黑格尔在《小逻辑》一书中对其作出了最本原、最具概括力的阐释。他以存在论为基础对尺度进行概念界定,"尺度是质与量的统一,是完成了的存在。存在本质上在于规定自身,它在尺度中达到完成的规定性","定在的量的规定可以改变,不致影响其质;同时这种不影响质的量之增减也有限度,一超出其限度,就会引起质的改变"。[1]也就是说尺度是事物质与量的规定性。在此,"质"并非"本质"的概念,而是基于唯物辩证法的概念,是对事物的一个具体规定,描述的是客观事物自身的特性。

关于评价尺度的哲学探讨,我国哲学界集中于认识论方向、价值论方向、认识论—价值论三个方向展开,马克思对评价尺度的本体论诠释即评价尺度的"社会存在论"解释最为恰当。马克思对评价尺度的"社会存在论"解释是在批判"理性存在论"解释的基础上形成的,完成了形而上学的颠倒,他为后人提供了一个崭新的解释模式和理论语境。第一,评价尺度不是一个抽象的绝对标准,而是一种现实的"生成逻辑"。第二,评价尺度不是一条实体化的终极界线,而是一个关系化的"意义视界"。第三,评价尺度不是一个单纯主体本质力量的确证法则,而是一个人与自然是否和谐统一的判定方法。第四,评价尺度不是一个以理性为最终裁决者的"神圣观念",而是一个现实人的社会性诉求与社会历史的主体性表达的结合方式。第五,评价尺度不是一种理论的思维方式,而是一种实践的思维方式。[2]

评价尺度的社会存在论解释也反映了评价尺度的功能:第一,正如普罗泰戈拉的命题:"人是万物的尺度",万物存在与否、性质形态都是相对人的感觉而言,评价尺度是为了给学生内置尺度体系;第二,评价尺度是为了判断学生现实状况;第三,评价尺度是为了关爱和促进学生发展;第四,评价尺度是为了促进社会可持续生存;第五,评价尺度基本功能是为学校和社会选

---

[1] 弗里德里希·黑格尔. 小逻辑[M]. 重庆:重庆出版社,2006:114-115.
[2] 旷三平. 马克思对评价尺度的"社会存在论"解释[J]. 中山大学学报(社会科学版),2004,44(03):17-23.

拔人才。

因此,"'评价尺度'的'尺度'应该把事物的本质、规律及其性能、结构、比例、对称、和谐等规定性,统统概括于'尺度'这一范畴之中"。[1]学生评价尺度不是评价标尺,不是简单的衡量事物可以量度的规定性,而是事物全部的规定性。也就是说学生全息智能评价的尺度是评价主体对学生全方位的教育活动、教育过程以及教育结果进行价值判断所遵照的根据和标准。

(二)学生全息智能评价尺度的关系分析

1.与教育尺度的关系

自2011年6月叶澜教授于"当代中国社会的教育基础及其改造"的研讨会上正式提出"教育尺度"以来,阐发了一系列关于"教育尺度"的新观点。目前,学术界关于教育尺度较为流行的观点认为,教育尺度是教育的眼光、视角,是衡量社会发展状态的基本标尺,是一种基于教育立场的参照系。[2] "此种观点将'尺度'与眼光、视角、标尺、参照系等同,值得拷问和商榷。我在《教育尺度:意涵与关系》一文中就进行了说明,教育尺度既不是教育的眼光、视角和一般意义上的参照系,也不完全等同于教育标尺。概括地讲,教育尺度是教育质与量的规定性。把教育尺度等同于教育眼光、教育视角,容易出现这样的逻辑:只要是从教育眼光、视角看到的就一定是尺度,尺度即标准,就是准绳。这难免让教育学陷入本位主义的泥潭,显得过于狭隘。易造成教育本源论、教育万能论、教育唯我论三种倾向性认识。"[3]

"教育尺度"之"尺度"基于教育立场,不得不涉及人格问题。"新课程改革重视人的整体性,重视过程,淡化结果;重视建构,重视生成,淡化知识;本质上是追求一种人的发展,人格就必然成为教育成效的尺度。"[4]而学生全息

---

[1] 王荣华."尺度"意涵探析[J].上海:华东理工大学学报,1995,10(01):23-28,32.
[2] 李政涛.中国社会发展的"教育尺度"与教育基础[J].教育研究,2012,33(03):4-11.
[3] 刘云生.教育尺度:意涵与关系[J].教育研究,2016,37(05):14-20,54.
[4] 王希尧.学生的人格发展是新课改的整合性评价尺度[J].内江师范学院学报,2007(01):143-145.

智能评价尺度作为教育的核心内容,与教育尺度乃一脉相承,皆以人格发展为"尺度"标准。

陈仲庚、张新雨将人格定义为:"人格是个体内在的在行为上的倾向性,它表现一个人在不断变化中的全体和综合,是具有动力一致性和连续性的持久的自我,是人在社会化过程中形成的给予人特色的身心组织"。(陈仲庚,张雨新:《人格心理学》,辽宁人民出版社,1986)这一定义侧面反映出人格是个体行为的全部品质,是"人"的存在形式,是现实社会中的价值尺度,是个性的展开,也是人性的集合。这正是教育与评价的最终目标。

王希尧指出后现代主义的过程哲学观,为以人格发展作评价尺度标准提供了系统的理论依据。评价尺度是促进学习的过程,是一种激励手段,而不是使学生人格"异化"为分数或某种指标的方式。以超越与创新、和谐与整合、学生主体、生命激发为内在核心的人格发展理念,造就和关注的是完美的"人格",是人的生成和价值,是人本身的整体发展和幸福生存。[1]

2. 与教育评价尺度的关系

关于教育评价尺度的研究,主要有两方面内容。

(1)从宏观层面进行研究思考,着眼于人的主体作用与全面发展。确认人的主体性是教育文明的追求与尺度,必须认识和确立学生在教育教学中的主体地位,并发挥他们的主体性,教育评价的标准要以人的全面发展为尺度。[2]道德教育的实质是基于人的尺度的教育,是个人与社会并行的教育,指向人生的自由。[3]评判教育优劣得失的重要尺度是以人为本,教育评判应该符合人的教育性,教育评价的价值取向是人的发展。[4]

(2)从微观层面说明教育评价尺度的具体因素。"爱是鉴别教育的尺

---

1 王希尧.学生的人格发展是新课改的整合性评价尺度[J].内江师范学院学报,2007(01):143-145.
2 李福华.主体性:教育文明的追求与尺度——主体性教育的解释学分析[J].淮北煤炭师范学院学报(哲学社会科学版),2004,25(02):96-98.
3 胡晏瑜.基于人的尺度的教育——论涂尔干的道德教育思想[D].杭州:浙江大学,2012.
4 高闰青."以人为本":评判教育优劣得失的重要尺度[J].天津市教科院学报,2010(03):82-84.

度"。[1]"利、真、善、美是教育的四个基本尺度"。[2]

正如前文所述,学生评价作为教育评价的核心内容,它与教育评价既有联系又有区别。从评价尺度的从属关系方面,学生评价尺度应该隶属于教育评价尺度,把它放在从属于比自身高一个层次的种概念的性质之中。

另外,学生全息智能评价尺度相对于教育评价尺度,更为具体、细化与客观。学生全息智能评价尺度要关注教育尺度、伦理尺度和技术尺度的实际运用。

综合前文阐释,与教育价值尺度结合的重点是评价学生思想道德、学业成就、个性发展、情感态度、体质体能的发展过程和状态的事实判断和价值判断。在体现伦理尺度方面,主要以真、善、美的人类核心价值观作为学生全息智能评价的重要标准,贯穿于学生各项评价范畴之中。在技术尺度层面,评价尺度的颗粒度更小,整体和个体的事实数据足够完备、全面,评价方式和方法更加灵活,摆脱了传统学生评价在采集工具、分析技术、数据数量方面的局限性,让学生评价真正地实现全息化、智能化。

3.与公共尺度的关系

学生全息智能评价尺度与公共尺度相比,其区别之处在于涵盖范围,需要指出此处公共尺度仅指涉及教育的公共尺度。评价尺度主要由学生、教师、学校三方构成,是微观的尺度;而公共尺度则由国家、社会、学校、家长、教师、学生六方构成,是宏观的尺度。在公共尺度框架中,围绕学校育人标准,要求:第一,将国家教育方针中的培养目标、课程标准的原则具体化;第二,将社会发展对学校人才培养的要求标准化;第三,将学校教育的个性化追求育人化;第四,将家长对孩子学习成长的个性化要求引入;第五,将教师对教育的创造性和个性化设备化;第六,根据学生发展的意向确定个性化的目标要求。

---

1 杨万强.爱是鉴别教育的尺度——班主任工作体会[J].现代技能开发,2001(05):52.
2 霍巍.教育的四个基本尺度:利、真、善、美[J].教育科学研究,2009(02):18-21.

公共尺度的教育规定性决定了其在人类社会建立和发展中的内生机制作用。学生全息智能评价尺度作为公共尺度中的内生性尺度，是一种自我生产的尺度。学生全息智能评价尺度作为公共尺度中的基础性尺度，是公共尺度的一部分，也需要得到普遍重视。学生全息智能评价尺度作为公共尺度中的普遍性尺度，需要实现互联网+、虚拟技术、大数据等的广泛运用。

在学生全息智能评价尺度与公共尺度之间，需要注意"尺度政治"的影响作用。1990年，史密斯在《不均衡发展》一书中提出了"尺度政治"一词。"尺度政治理论的核心在于不同行为主体根据自身的利益，借助自身的力量或引入第三方行为体扩大自身的力量，并通过控制、操纵尺度进行必要的尺度转换，以便选择对自身有利的尺度。"[1]其中，尺度重构是尺度政治的核心机制，包含尺度的上推、下推、重组。[2]例如，就教育目标的培养方针而言，可用图4-1反映：

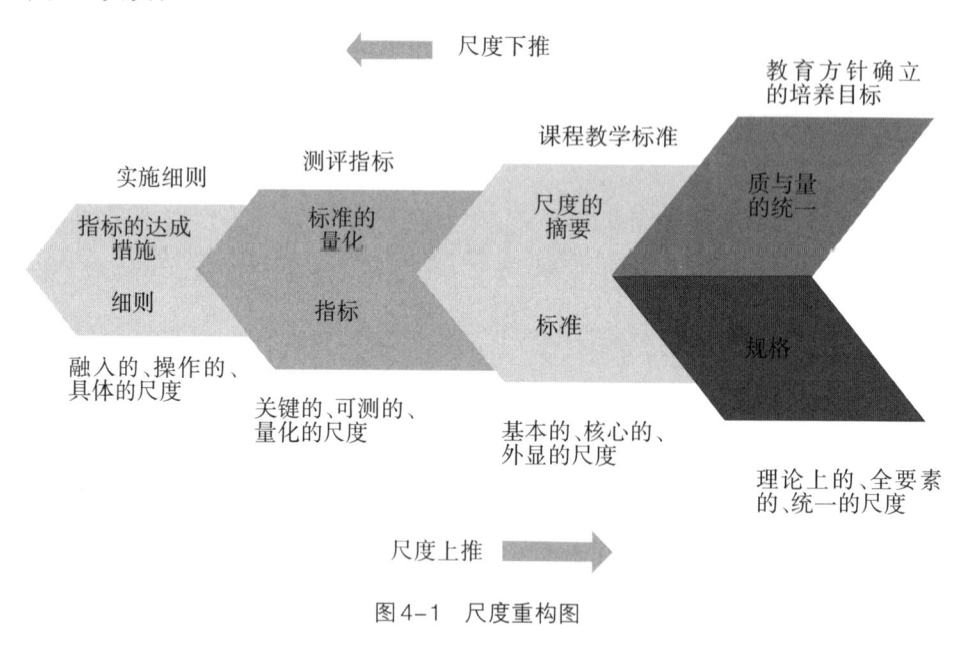

图4-1 尺度重构图

---
1 胡志丁.尺度政治视角下的地缘能源安全评价方法及应用[J].地理研究,2014(05):853-862.
2 王丰龙,刘云刚.尺度政治理论框架[J].地理科学进展,2017,36(12):1500-1509.

学生全息智能评价尺度在公共尺度之下,可以说是基于尺度重构的政治博弈结果,因此,学生全息智能评价尺度在实践中不仅要维护好自身利益,还要处理好评价尺度与公共尺度之间的关系。

(三)学生全息智能评价尺度的本质特征

1.未来性

教育是面向未来的事业,评价作为教育系统的重要一环,其实质是变面向未来的人为创造未来的人。"人"的存在是评价尺度的价值属性,而未来性是生命的重要特征。

第四次技术革命的爆发将现代智能技术和教育紧密地结合了起来,技术对教育的影响日益显著。2018年高教版《地平线报告》指出学习分析、创客空间、自适应学习技术、人工智能、混合现实、机器人是推动教育变革的六大技术。贝尔纳·斯蒂格勒在其经典著作《技术与时间——爱比米修斯的过失》中把技术问题放到时间中来考察,他认为,时代的现代化从本质上说就是技术的现代化。技术不仅左右着现在更影响着未来,没有技术的支撑,教育的"未来性"将无从立足,因而技术性是未来教育的工具属性,也是评价尺度的工具属性。

2.发展性

所谓发展性,国内外专家学者进行了相关阐释。著名教育评价专家斯塔佛尔姆强调:评价"不在于证明,而在于改进"。"发展性评价针对的主体有两个,一个是评价者,另一个是被评价者。教师在评价的过程中应进行系统、科学的分析,充分搜集各方面信息,最后进行综合评价。发展性评价的最终目的是帮助被评价者不断改善自身的问题。"[1]发展性是一种秉持以人为本、以评价对象为中心、以促进人的全面发展为根本宗旨的现代教育评价

---

[1] 薛莉.小学数学学业评价过程中发展性评价探讨[J].名师在线,2019(25):53-54.

理念和方法体系。(黄光扬:《新课程与学生学习评价》,福建教育出版社,2005)发展性是指学生评价要改变传统的过分强调评价的甄别与选择功能,而发挥其促进学生发展的功能,促进学生潜能、个性、创造性的发挥,使每一个学生具有自信心和持续发展的能力。[1]发展性就是倡导评价要以人的发展为本,注重评价对象专业发展和个性发展,评价是开放式的。(朱德全,罗志惠,谢钢:《小学教育学》,西南师范大学出版社,2003)

概括来讲,评价尺度的发展性即承认学生在发展过程中存在的个别差异,承认学生在发展过程中存在的不同水平,其目的是让学生正面认识自我,其作用是为了促进、激励学生在已有水平上不断发展。为此,评价尺度贯穿于教育的全过程,它既关注学生发展过程也关注学生发展结果,是形成性评价与终结性评价相结合的全程评价,不仅评价学生过去与现在,还评价学生未来与发展。

在大数据时代,"数字布鲁姆"理论支持学生评价由甄别选拔向促进发展转变。布鲁姆的教育目标分类将学生的认知水平分为知道、理解、运用、分析、评价和创造六个不同层次,信息技术环境下,不同层次的教学活动及其支持工具不断更新,而"数字布鲁姆"注重利用技术工具来实现教学目标。[2]作为一种结构化的图示,"数字布鲁姆"整合原先的目标体系、数字化技术及学习行为,建立了学习目标—学习行为—学习工具的关联,可以为面向发展的学生评价提供方法上的支持。[3]师生可根据学生评级目标,基于"数字布鲁姆"理论,应用适宜的评价工具来支持评价活动。

3. 内生性

准确、合理的评价尺度会发生正面作用,促使学生找到前进的路径和方向,然而,不公平、不客观、不符合学生实际情况的评价尺度会产生负面效果

---

[1] 刘尧.大学教学应实施发展性评价[J].中国电子教育,2006(04):1-4,8.
[2] 张颖.基于数字布鲁姆的信息化教学评价策略探究[J].软件导刊,2013(12):17-19.
[3] 王佑镁.数字布鲁姆映射下的数字能力发展研究[J].中国电化教育,2013(05):1-7.

造成学生否定性的不良后果。传统的学生评价以"量化+权重"为主要尺度，学生的发展被条分缕析的评价指标体系和统一的评价标准所控制。然而，学生综合素质是具有潜藏性的复杂系统，在评价的实践上存在评价指标的分解与合成、评价标准的模糊与精确以及评价结果的软参考与硬挂钩等"两难"问题。[1]故而，对于学生评价很难进行量化。

如今，教育与大数据的深度融合，使得评价尺度的实施可以拆解为信息数据的搜集—价值判断—结果反馈三个环节，大数据的运行遵循海量数据生成—数据筛选和深度挖掘—数据实时呈现的一般规律。[2]以全自动、全过程、全样本、全类型的数据支持的全员、全程、全面的学生评价增加了其信度、效度、区分度，通过评价信息的反馈可以有效促进学生内在评价机制的形成，实现学生的自我教育和主动构建，预防评价尺度的外在向度影响，避免评价尺度的僵化。

4.多元性

多元性是指评价主体的多元性和评价内容的多元性。

传统学生评价中，教师是评价主体；学生是评价客体，在评价中处于被动地位。然而，新课程要求评价主体的多元性，这包括教师评价、学生评价和自评、第三方评价等。评价尺度提倡将教师评价、学生评价和自评、第三方评价相互结合构成评价者和被评价者之间的互动过程。其强调多方主体评价原则，坚持既客观又鼓励，使评价作为一种学生促进自我教育和自我发展的有效方式。

基于"互联网+技术"，教师、学生、第三方可借助网络平台实现多元协商，共同制定学生评价标准，联合开展学生评价活动。其有助于学生从不同

---

[1] 刘丽群,屈花妮.我国普通高中学生综合素质评价的两难困局[J].课程·教材·教法,2016,36(10):95-100.

[2] 朱德全,马新星.新技术推动专业化:大数据时代教育评价变革的逻辑理路[J].清华大学教育研究,2019,40(01):5-7.

角度更加深刻地认识和提升自己。网络环境下的多元协商将学生评价转变为多元评价、学生改进和效果提升的渐进过程，有助于学生在展示和交流过程中提升语言表达、逻辑思维和人际交往等方面的能力。[1]

传统评价内容注重的是终结性成绩差异，评价内容来源限制于文本信息。自2016年9月，《中国学生发展核心素养》总体框架发布，学生评价内容综合表现为人文底蕴、科学精神、学会学习、健康生活、责任担当和实践创新六大要素。在大数据技术支持下，评价内容从单一性的学业表现向多维度（核心评价与边缘评价）、多类别（关注个人特性）综合转变。

作为大数据的一个子集，教育大数据采用物联感知类技术、视频录制类技术、图像识别类技术及平台采集类技术，凭借正式学习与非正式学习中多样化的数据来源、多元化的数据类型（文本、图片、音频、视频等）、高效能的处理和分析技术等优势，全方位搜集学生发展的多元化数据，深入分析学生数据背后的学习规律，帮助学校和教师支持学生成长。[2]教育大数据促使评价内容向记录学生的学习轨迹，关注学生日常生活转变，使得学生评价更加立体、全面和客观。

5. 多样性

多样性是指评价手段的多样性和评价结果的多样性。

传统评价手段多运用"指标—量化"和"观察—理解"的运作模式。其中，学校多侧重"指标+权重"的定量评价方式，是学生评价中的主要操作模式。然而，学生的综合素质表现是很难以量化形式测量的。在《未来教育视域下教育评价的人文向度》一文中谈道："教育的起点和终点都是'人'本身，未来教育视域下教育评价的出发点和归宿也应当回归人的主体价值，而不能像度量物质世界一样，把量化方法作为度量人和教育的唯一尺度。"[3]

---

1 赵慧臣.教育信息化促进学生评价改革.教育研究[J],2017,38(03):120-121,129.
2 郑燕林,柳海民.大数据在美国教育评价中的应用路径分析[J].中国电化教育,2015(07):25-31.
3 吕鹏,朱德全.未来教育视域下教育评价的人文向度[J].现代远程教育研究,2019(01):40-45,65.

大数据时代,运用高效的"互联网+"、海量的"数据库"、强大的"云计算"、生动的"仿真虚拟现实"、便捷的"通信移动式学习"等新技术手段,推动评价标准多元化和个性化,根据学生个性特征制定个性化评价,实现"定性评价"与"定量评价"相结合,驱使学生评价智慧化。

新技术助推并引领着教育评价现代化的发展进程,使现代教育评价不断体现"全面性"质量监测、"全员性"主体观照、"全方位性"数据搜集、"全域性"督导跟踪的现代化水平,并使教育评价不断呈现出时空的"开放性"、程序的"民主性"与主体的"多元性"的专业化样态。[1]

智能分析技术支持下的学生评价结果由单一呈现结论向分析、反馈、解决问题转变。赵慧臣指出:"学习分析技术通过数据分析学生及其学习情境,发现学生学习过程潜在问题和学习规律;评估和预测学生学习活动,支持学生及时调整学习活动,促使教师根据不同学生的能力水平和实际需求提供学习指导。"[2]评价尺度从止步于评价向起步于评价转变,从评价学生是什么人向评价学生成为什么人转变。

二、内容体系

学生全息智能评价是对学生发展状况进行系统分析并进行价值判断和发现新价值的过程。这种判断反映了评价者的价值取向,在开展评价活动前,为保证评价体系科学、可行,首先必须对评价内容进行合理规定,其次需要对内容进行分类,确保内容能够最大可能地全面反映出学生发展的全貌。

《关于深化教育改革全面推进素质教育的决定》提出:"实施素质教育,就是全面贯彻党的教育方针,以提高国民素质为根本宗旨,以培养学生的创新精神和实践能力为重点。"《中国学生发展核心素养》以培养"全面发展的

---

[1] 朱成晨,闫广芬.现代化与专业化:大数据时代教育评价的新技术推进逻辑[J].清华大学教育究,2018,39(05):75-80.
[2] 赵慧臣.教育信息化促进学生评价改革[J].教育研究,2017,38(03):120-121,129.

人"为核心,提出六大素养即人文底蕴、科学精神、学会学习、健康生活、责任担当、实践创新。《关于深化教育体制机制改革的意见》明确提出:"要注重培养支撑终身发展、适应时代要求的关键能力。在培养学生基础知识和基本技能的过程中,强化学生关键能力培养。"

可见,学生发展聚焦两类素养。一是基础素养,即基本知识和基本技能,这是全体学生都必须具备的共性素养。二是高级素养,即创新能力、合作能力、认知能力、自主发展、社会参与等,这是在基础素养之上,学生个体所力求发展的个性素养。

针对上述学生培养目标,学生全息智能评价内容体系可划分为共性评价体系与个性评价体系。

(一)共性体系:基础素养

学生作为个体人进行社会活动需要遵守一定的行为规范,基础素养体现在生活中就是个人素质或道德修养,包括外表形象、道德品质、知识水平、综合能力等,通过个人在各种场合以及人际交往中的言谈举止而表现出来。

共性体系的评价就是为了反映学生全面的基础素养是否达到共性目标的要求。以素质教育要求为基准,德智体美劳全面发展是现代中小学生应该具备的基础素养。通过学生对思想道德、科学文化、身心健康、劳动审美等方面的基本知识和基本技能的掌握情况、行为过程与结果进行评价。

思想道德是学生基础素养评价的核心,是学生全面发展的基石。思想道德主要体现在思想素养(即世界观、人生观和价值观的确立)、道德素养(即道德认知、道德观念、道德行为)等具体方面。具体而言,一是学生能对道德现象具备分析、综合、抽象、概括的能力,学生有正确的思想方法,能科学地看待政治问题、社会问题、人生问题,正确理解道德的社会意义和共产主义道德规范。二是学生能用正确的道德准则,对道德行为的是非、善恶进行判断,抵制精神污染,具备抗拒不良诱惑的能力,坚定对党的信念。三是学生具有自我教育的能力和习惯。

科学文化是学生基础素养评价的重点。科学文化是指学生在掌握科学知识的基础上,以科学的态度、通过科学的方法来解决生活中所遇到的各类问题的能力,强调求真、求实和探索创新。学生学习,掌握知识始终是教育基本目的。教育是面向未来的事业,当今社会发展迅速,我国正向世界科技强国和现代化强国推进,科学文化素养是关键。

身心健康包括身体素质和心理素质方面。个体具备健康的体格、全面发展的身体耐力与适应性,以及合理的生活习惯规律,是个体寻求一切其他发展的先决条件。心理素质是指个体应该具备稳定向上的情感力量、坚强恒久的意志力量、鲜明独特的人格力量等,良好的心理素质是个人全面发展的内生动力。总的来讲,身心健康是学生基础素养评价的基础,学生只有身心健康才能保证全面发展。

劳动审美包括劳动能力与审美素养方面。劳动能力也就是个人的实践能力和独立生活技能,劳动能力是现代社会上每一个人都必须具备的,否则在社会生活中就难以独立和健康发展。

审美素养指人所具备的审美经验、审美情趣、审美能力、审美理想等各种因素的总和。审美素养既体现为对美的接收和欣赏的能力,又转化为对审美文化的鉴别能力和审美文化的创造能力。

(二)个性体系:高级素养

21世纪,随着社会经济的快速发展,科学技术与人力资源日益成为全球竞争的重要资源。在世界经济竞争的强烈冲击下,个体需求与社会需求发生了巨大转变。面对21世纪的挑战,学生要生存与发展,只具备基础素养是不够的,还必须具备高级素养才能成功适应社会,在自我实现的同时促进社会发展。

高级素养也被称为"核心素养"或"关键能力"。何为核心与关键？"核心素养"这个概念来自西方，最早出现在经济合作与发展组织（OECD）和欧盟理事会的研究报告中。核心素养的内涵是指覆盖多个生活领域的、促进成功的生活和健全的社会的重要素养。[1]

学生核心素养是从人的全面发展角度出发，体现"促进人的全面发展、适应社会需要"这一要求，按照学生发展规律规定了一定教育经历后其必须拥有的基本素养和能力，解决的是"培养什么样的人"的教育问题，是对教育目标的另一种诠释。基于这样的目的，学生的核心素养应该涉及学生知识、技能、情感态度、价值观等多方面能力的要求，是个体能够适应未来社会、促进终身学习、实现全面发展的基本保障。这些素养不仅能够促进个体发展，同时有助于形成运作良好的社会。[2]

学生核心素养的内容构成。经济合作与发展组织研究构建了一个分别涉及"人与工具""人与自己""人与社会"三个方面的核心素养框架。2012年，经济合作与发展组织发布的《为21世纪培育教师，提高学校领导力：来自世界的经验》研究报告指出，21世纪学生必须掌握以下四方面的十大核心技能：思维能力即创造性、批判性思维、问题解决、决策和学习能力；工作方式即沟通和合作能力；工作工具即信息技术和信息处理能力；生活技能即公民、变化的生活和职业，以及个人和社会责任。[3]联合国教科文组织提出了终身学习五大支柱，即学会认知、学会做事、学会共处、学会生存、学会改变。[4]2006年，欧盟通过关于核心素养的建议案《以核心素养促进终身学习》，核心素养包括母语、外语、数学与科学技术素养、信息素养、学习能力、

---

[1] 张娜.DeSeCo项目关于核心素养的研究及启示[J].教育科学研究,2013(10):39-45.
[2] 辛涛,姜宇,刘霞.我国义务教育阶段学生核心素养模型的构建[J].北京师范大学学报(社会科学版),2013(01):5-11.
[3] Schleicher A. Preparing Teachers and Developing School Leaders for the 21st Century: Lessons from around the World [M].PARIS：OECD,2012.
[4] 张娜.联合国教科文组织的核心素养研究及其启示[J].教育导刊,2015(07):93-96.

公民与社会素养、创业精神以及艺术素养八个领域。美国"21世纪素养"框架以核心学科为载体,确立了学习和创新技能,信息、媒介与技术能力,生活和职业技能三项技能领域。[1]日本"21世纪能力"由基础能力、思维能力、实践能力三大部分组成,以思维能力为核心,以基础能力为支撑,以实践能力为指导。

我国《中国学生核心发展素养》认为学生核心素养综合表现为六大素养,具体为人文底蕴、科学精神、学会学习、健康生活、责任担当、实践创新。

人文底蕴。主要是学生在学习、理解、运用人文领域知识和技能等方面所形成的基本能力、情感态度和价值取向。具体包括人文积淀、人文情怀和审美情趣等基本要点。

科学精神。主要是学生在学习、理解、运用科学知识和技能等方面所形成的价值标准、思维方式和行为表现。具体包括理性思维、批判质疑、勇于探究等基本要点。

学会学习。主要是学生在学习意识形成、学习方式方法选择、学习进程评估调控等方面的综合表现。具体包括乐学善学、勤于反思、信息意识等基本要点。

健康生活。主要是学生在认识自我、发展身心、规划人生等方面的综合表现。具体包括珍爱生命、健全人格、自我管理等基本要点。

责任担当。主要是学生在处理与社会、国家、国际等关系方面所形成的情感态度、价值取向和行为方式。具体包括社会责任、国家认同、国际理解等基本要点。

实践创新。主要是学生在日常活动、问题解决、适应挑战等方面所形成的实践能力、创新意识和行为表现。具体包括劳动意识、问题解决、技术应用等基本要点。

---

[1] 张义兵.美国的"21世纪技能"内涵解读:兼析对我国基础教育改革的启示[J].比较教育研究,2012(05):86-90.

在基础教育阶段,《关于深化教育体制机制改革的意见》进一步对核心素养实质进一步阐释,要求培养学生的四种关键能力,并提出了具体要求:"培养认知能力,引导学生具备独立思考、逻辑推理、信息加工、学会学习、语言表达和文字写作的素养,养成终身学习的意识和能力。培养合作能力,引导学生学会自我管理,学会与他人合作,学会过集体生活,学会处理好个人与社会的关系,遵守、履行道德准则和行为规范。培养创新能力,激发学生好奇心、想象力和创新思维,养成创新人格,鼓励学生勇于探索、大胆尝试、创新创造。培养职业能力,引导学生适应社会需求,树立爱岗敬业、精益求精的职业精神,践行知行合一,积极动手实践和解决实际问题。"

三、标准体系

(一)学生全息智能评价的内容标准构建

"学生全息智能评价尺度"作为"互联网+教育"背景下的新型评价范式,其本质关系三个问题:评价什么?怎么评价?评价效果如何?全息技术实现对学生成长信息的全方位收集,智能手段通过对信息数据的处理分析实现对学生的价值判断,并将结果反馈给学生。这一评价过程最终目的是改进发展学生。为此,必须制定学生全息智能评价标准,以导向性、多元性、动态性、可操作性等原则构建学生评价的指标体系。

基于以上研究建构学生全息智能评价一级、二级指标的具体评价内容,结合中共中央国务院《关于深化教育教学改革全面提高义务教育质量的意见》《国务院办公厅关于新时代推进普通高中育人方式改革的指导意见》《教育部关于推进中小学教育质量综合评价改革的意见》等相关内容,对评价指标进一步细化,构建学生全息智能评价的内容标准体系。如表4-1所示。

表4-1 学生全息智能评价的内容标准体系

模块	一级指标	二级指标	三级指标(主要观测点评价标准)
成长环境	政治环境	政策环境	1.教育政策对教育公平的支持力度。 2.教育政策对义务教育的保障力度。 3.教育政策对中小学生全面发展的有效措施。
		法律环境	1.法律法规的完善程度。 2.法律法规的合理程度。
	社会文化环境	居民受教育程度	1.会识字。 2.能识字,并书写简单字词。 3.小学毕业。 4.初中毕业。 5.高中毕业。 6.本科及以上。
		宗教信仰	1.无宗教信仰。 2.有宗教信仰,并且参与宗教活动。 3.有宗教信仰。
		风俗习惯	1.无特殊风俗习惯。 2.有特殊风俗习惯。 3.有特殊风俗习惯,并且严格遵守。
		价值观念	1.具备正确的价值观念。 2.价值观念落后。
	家庭环境	直系血亲受教育程度	1.会识字。 2.能识字,并书写简单字词。 3.小学毕业。 4.初中毕业。 5.高中毕业。 6.本科及以上。
		父母职业	1.国家机关、党群组织、企业、事业单位负责人。 2.专业技术人员。 3.办事人员和有关人员。 4.商业、服务业人员。 5.农、林、牧、渔、水利业生产人员。 6.生产、运输设备操作人员及有关人员。 7.军人。 8.特殊职业的其他从业人员。

(续表)

模块	一级指标	二级指标	三级指标(主要观测点评价标准)
成长环境	家庭环境	家庭收入	1. 低保。 2. 低收入:人均每年可支配收入6440元。 3. 中间偏下:人均每年可支配收入14361元。 4. 中间:人均每年可支配收入23189元。 5. 中间偏上:人均每年可支配收入36471元。 6. 高收入:人均每年可支配收入70640元。
		家庭居住环境	居住小区、小区房价、住房面积。
		家庭子女数量	1. 独生子女。 2. 有兄弟姐妹。
		父母与学生沟通交流	1. 学生每天都会和父母交谈校内发生的事情。 2. 父母与学生沟通顺畅,毫无障碍。 3. 父母与学生能每天进行除学习以外的沟通交流。 4. 父母与学生只谈及学习。 5. 父母与学生交谈很少。
	学校环境	学校物质环境	1. 学校环境优美、干净整洁。 2. 校内安静静谧,下课期间没有嬉戏打闹,大声喧哗。 3. 下课期间,有小声吵闹。 4. 学校基础设施充足。 5. 学校有基础设施。
		学校精神文化	1. 学校有清晰的办学理念,有学校独有的办学特色,精神文化构建成体系,校风良好。 2. 学校有办学理念。
		学校制度文化	1. 学校规章制度建设科学合理,学生学习有序规范。 2. 学校有规章制度。
校内发展	品德发展水平	行为习惯	学生在文明礼貌、勤俭节约、热爱劳动、爱护环境等方面的认知和表现情况。
		公民素养	学生在珍爱生命、遵纪守法、诚实守信、团结友善、乐于助人等方面的认知和表现情况。
		人格品质	学生在自尊自信、自律自强、尊重他人、乐观向上等方面的认知和表现情况。
		理想信念	学生的爱国情感、民族认同、社会责任、集体意识、人生理想等方面的情况。

(续表)

模块	一级指标	二级指标	三级指标(主要观测点评价标准)
校内发展	学业发展水平	知识与技能	学生对各学科课程标准要求的基础知识、基本技能的理解和掌握情况。
		学科思想方法	学生对各学科思想和方法的理解和掌握情况。
		实践能力	学生关注现实生活、参加社会实践和志愿服务活动、解决实际问题、进行职业准备等方面的情况。
		创新意识	学生独立思考、批判质疑、钻研探究,解决问题的思路、方式方法等方面的情况。
	身心发展水平	身体形态机能	学生身高、体重、肺活量和身体运动能力等达到《国家学生体质健康标准》要求的情况以及视力状况等。
		健康生活方式	学生对健康知识与技能的了解和掌握情况,生活与卫生习惯,参加课外文娱体育活动等方面的情况。
		审美修养	学生在审美情趣和艺术修养等方面的发展情况。
		情绪行为调控	学生对自己情绪的觉察与排解、对行为的自我约束情况,应对和克服学习、生活中遇到的困难的态度和表现情况。
		人际沟通	师生关系、同伴关系、亲子关系等方面的情况。
	兴趣特长养成	好奇心求知欲	学生对某些知识、事物和现象的专注、思考和探求情况。
		爱好特长	学生课余生活的丰富性,在文学、科学、体育、艺术等领域表现出的喜好、付出的努力和表现的结果。
		潜能发展	学生在某些方面表现出的突出素质和进一步发展的能力。
	学业负担状况	学习时间	学生上课时间、作业时间、补课时间、睡眠时间等等。
		课业质量	课程教学、作业和考试(测验)的有效程度以及学生的感受和看法。
		课业难度	课程教学、作业和考试(测验)的难易程度以及学生的感受和看法。
		学习压力	学生在学习过程中表现出的快乐、疲倦、焦虑、厌学等状态。

(续表)

模块	一级指标	二级指标	三级指标（主要观测点评价标准）
校外拓展	关键事件	积极的事件	1. 导致该关键事件发生的前提条件是什么？ 2. 导致该事件发生的直接和间接原因是什么？ 3. 关键事件的发生过程和背景是什么？ 4. 学生在关键事件中的行为表现是什么？ 5. 关键事件发生后的结果如何？ 6. 学生控制和把握关键事件的能力如何？
		消极的事件	1. 导致该关键事件发生的前提条件是什么？ 2. 导致该事件发生的直接和间接原因是什么？ 3. 关键事件的发生过程和背景是什么？ 4. 学生在关键事件中的行为表现是什么？ 5. 关键事件发生后的结果如何？ 6. 学生控制和把握关键事件的能力如何？

成长环境。人在环境中，环境对学生成长发展有重要影响。在构建的指标体系中主要包括政治环境、社会文化环境、家庭环境、学校环境，将这些环境中的数据，纳入全息智能评价中，能够更为全面地反映学生的成长环境。

政治环境。包括政策环境与法律环境，前者重点考察教育政策对教育公平的支持力度、对义务教育的保障力度以及对中小学生全面发展的有效措施；后者能够分析出法律法规的完善程度和合理程度，为教育决策提供支持。

社会文化环境。包括居民受教育程度、宗教信仰、风俗习惯、价值观念等。任何人都在一定的社会文化环境中生活，存在于特定社会文化环境中的个体，其认识事物的方式、行为准则和价值观念等都会异于生活在其他社会文化环境中的人们。了解学生所处的文化环境，可以更全面地分析文化环境对学生成长发展的影响。

家庭环境。家庭是孩子成长最重要的环境。国内外学者的研究表明，家庭比学校和社区更能影响学生，而且家庭社会经济地位变量对孩子的学业成就和个人发展有显著的影响。通常把家庭收入、父母受教育程度、父母的职业作为家庭社会经济地位（SES）的衡量指标。此外，居住环境、家庭子女数量以及父母与子女交流互动也是影响学生的重要因素。

学校环境。主要考察学校物质环境、学校精神文化、学校制度文化,既有硬件方面,如学校基础设施、学校等,也有软件方面,如学校办学理念、校训校风、学风班风、规章制度等;软硬件的情况直接影响学生对校园的印象与体验。

校内发展。学校是教育的主要场所,要全面收集学生在校期间的综合素质评价的数据。根据《教育部关于推进中小学教育质量综合评价改革的意见》,将学校发展的评价内容分为品德发展水平、学业发展水平、身心发展水平、兴趣特长养成、学业负担状况五个维度。

品德发展水平。教育的重要任务是促进个体的社会化,个体社会化的重要表现是做出符合社会期望的行为,这是以良好的品德为基础的。良好的品德评价主要包括行为习惯、公民素养、人格品质、理想信念等关键性指标,促进学生拥有正确的人生观、价值观、世界观等。

学业发展水平。人生的一切思想、学问、能力、智慧都来自学习,学习能力和学业水平的高低直接决定着一个人生活、生存质量的高低。学业发展水平主要考察知识与技能、学科思想方法、实践能力、创新意识,促进学生打好终身学习和发展的基础。

身心发展水平。现代社会的开放性、复杂性、易变性以及人际的冲突、价值观念的互异,都会使学生的身心在不同程度上出现躯体化或心理障碍等问题。评价学生身体发展水平,不仅包括身体机能形态,还包括健康生活方式、审美修养、情绪行为调控以及人际沟通,促进学生形成健康体魄和良好的心理适应能力。

兴趣特长养成。对学生好奇心求知欲、爱好特长、潜能发展等关键指标进行评价,既可以了解学生对某些知识、事物和现象的专注、思考和探求情况,也可了解其在文学、科学、体育、艺术等领域表现出的喜好、付出的努力和表现的结果,还可以挖掘学生在某些方面表现出的突出素质和进一步发展的能力。

学业负担状况。这不仅是一个教育问题,更是一个社会高度关注的问题。对学生学习时间、课业质量、课业难度、学习压力等关键性指标进行评价,可以促进减轻学业负担,提升学生学习的有效性和学习乐趣。

校外拓展。基于校外生活的复杂性和多样性,对学生在校外的评价主要依据是开放式的关键行为自我呈现。关键事件法是由美国学者弗拉纳根(Flanagan)和伯恩斯(Baras)在1954年共同创立的。其中,"事件"是指任何可观察的活动,应发生在一种目标与意向非常清楚的意境中,具有足够的完整性,从而可以对人们的表现做出推断和预测;"关键"是指对整个活动目的而言,发挥了重大作用,不论是积极或者是消极。弗拉纳根将该方法描述为"一套通过直接观察和收集人类行为,并有效地提炼出其潜在价值,用以解决实际问题的过程"[1]。

学生的"关键行为"或者"关键事件"是学生在校外的生活实践中的重要事件,是学生引起、维持、促进自身综合素质发展的所有行为,通过叙事或呈现关键证据的方式,还原真实情境。主要包括导致行为发生的原因和背景、学生的特别行为、关键行为的后果、学生自己能否支配或控制上述后果等。大量收集这些关键事件以后,可以分类并总结出学生行为的关键特征,了解学生行为的动态特点,勾画出学生在校外拓展中的人物画像。

(二)学生全息智能评价的工作标准构建

依据一般意义的评价体系构建,结合学生全息智能评价的具体模型,我们认为从工作项目视角出发,学生全息智能评价的工作标准体系至少由工作标准、管理标准、技术标准三个方面构成。

---

1 Flanagan JC. The Critical Incident Technique[J]. Psychological Bulletin,1954,51(04):327-358.

这种划分标准参照现代标准化建设的基本理论。标准化工作是企业为提高生产质量,实现最优生产、最低消耗、最佳服务,获得最佳经济效益的现代科学管理的基础工作(张友明:《标准化综合贡献的科学评估方法》,复旦大学出版社,2009)。学生全息智能评价不仅要重视理论基础研究的科学性,而且还要关注项目实施的科学化和标准化,因此评价的工作标准体系建设刻不容缓。

1. 技术标准

技术标准是对评价技术事项在一定范围内所作的统一规定。全息智能评价将评价技术向前推行了一大步,由此也对技术的运用、规划和标准建设提出了新的要求。特别是平台建设,成为形成评价技术标准的基础实践探索。

(1)智能化学生评价平台建设。

前文提到的学生成长战略数据库,是评价技术的整合平台,占据着重要的位置。但实践中的问题表现为多源异构数据汇集而成,所以在两两对接实现数据整合时会产生如数据冗余、语义冲突、安全性等方面的问题。[1]为解决上述问题,提高数据利用率和安全性,提高数据存取效率,许多学校也进行了有益尝试与探索。

上海市育才中学利用现代信息技术构建的"学生发展数字化信息综合评价平台"关注学生个性发展,凸显数据信息的全面性、过程性、动态性,登录平台即可获知学生从入学至毕业的全部数据信息。[2]扬州大学附属中学根据系统论、控制论、信息论的基本原理和长期的教育实践逐步形成了学习行为评价、教学行为评价、管理行为评价"三位一体"的网络评价平台,从而

---

[1] 陆佳炜,肖刚,周密,等.数字化校园中的高校教师数据管理机制探究[J].中国教育信息化,2009(23):20-23.

[2] 牛贵珍.构建"学生发展数字化信息综合评价平台"的探索与实践[J].教育信息化,2005(07):34-35.

塑造了学校、教师、学生"三维协同"发展的办学特色。[1]黄建成等人使用ASP编程和MS SQL Server 2005数据库设计B/S结构的教学质量评价平台，实现了评价对象和评价主体的多元化，并且平台应用效果显示可使评价结果统计更加及时、真实，评价的激励和导向作用得到了充分发挥。[2]

以上实例表明平台的搭建能实现数据的有效管理与系统整合，能为学生评价应用的开发与运行提供基础支撑。李振等人也指出平台建设是教育大数据落地的关键所在，它覆盖了从数据采集、存储计算、分析挖掘到具体应用的整个生命周期。[3]为此，我们提出瞄准数据采集、整合、应用、保障等关键共性问题，构建包含数据采集系统、数据处理系统、数据分析系统、数据保障系统的智能化学生评价平台。

（2）智能化学生评价平台数据标准分析。

通过对《数字化校园中数据中心平台的研究》《高校数字化校园数据中心平台的研究与设计》《高校数字化校园的数据中心平台建设》等相关文献的梳理，我们发现目前数据平台建设存在的主要问题是由于数据标准与规范不统一，造成"信息孤岛"[4]问题，以至于各信息系统无法共享，全局信息应用困难。

制定统一的数据标准，保证各个系统数据在采集、处理、交换、传输的过程中，遵循统一标准规范，进而促进信息和数据资源的共享，有效消除"信息孤岛"，提高信息交换效率，为建立评价平台奠定基础。

王钱永对数据标准与基本信息编码建设提出了七大原则：编码唯一性

---

1 何继刚."三位一体"评价，"三维协同"发展——扬州大学附属中学校本网络评价平台建设探索[J].世界教育信息，2009(08)：50-52.
2 黄建成，韦成全.多元化教学评价平台的设计[J].中国教育信息化：高教职教，2011(15)：36-38.
3 李振，周东岱，刘娜，等.教育大数据的平台构建与关键实现技术[J].现代教育技术，2018，28(01)：100-106.
4 罗军.跨平台获取数据与信息孤岛、数据信息安全、资源共享问题[J/OL].电子技术与软件工程，2019(24)：189-190.[2020-01-03].http://kns.cnki.net/kcms/detail/10.1108.TP.20200102.1007.226.html.

和规范性,编码的简洁性和可操作性,编码的可持续性,编码的可扩充性,编码的可兼容性,编码的输入方便性,编码的格式统一性。[1]建设"一个标准"的编码系统才能保证平台数据流通,实现平台的应用价值。

2.管理标准

管理标准是指对标准化领域中需要协调统一的管理事项所制定的标准,是管理机构为行使其管理职能而制定的标准。管理标准是关于某项管理工作的业务内容、职责范围、程序和方法的统一规定。[2]

学生全息智能评价项目管理的主导部门是教育主管部门,具体参与执行机构应该涵盖学校、教研评估机构、考试评价机构以及各级政府部门、人力资源管理部门。

以评价数据管理机制建设为例,良好的数据管理机制能保证"拿数据说话,用数据决策"的数据文化形成,高效的数据运行机制能保证数据采集的质量和数据分析的实效,可靠的数据安全机制保障个人隐私和满足安全性要求。

在数据管理机制方面,要明确数据管理范畴,划清相关部门职责,出台数据管理文件,营造数据文化意识。在数据运行机制方面,要规范数据交换应用流程,建立数据权威溯源图谱,编制数据开放需求目录,开展数据专项治理。

数据安全机制的建设是保证评价平台在教育大数据整合与共享过程中的安全与隐私的重要内容。数据在整合过程中历经多个环节,各个环节的安全性需求也各不相同。在数据采集环节应保证数据采集的完整性,并对涉密数据进行脱敏处理,注重科技伦理,坚决避免个人隐私受到侵犯;传输环节应确保数据不被截获、破坏,并提供可靠性传输以及断点续传功能,保证授权的接收方能收到完整数据;在数据存储环节应确保数据不丢失,因此

---

[1] 王钱永.数字化校园中数据中心平台的研究[J].中国教育信息化,2007(11):14-17.
[2] 张友明.标准化综合贡献的科学评估方法[M].上海:复旦大学出版社,2009:10

应对数据进行副本存储或备份操作,制定恢复策略,开展数据恢复演练;在对数据进行处理时,应根据不同的用户、不同的安全级别、不同的使用目的对其进行差异化的访问控制以及授权管理,建立数据内控和审计规程,完善数据权限系统和日志系统,确保每次操作都是经过授权的和可追查的。[1]

此外,建立数据安全防护机制,根据信息安全等级保护要求制定相应的管理措施和技术方案,对数据库等重要基础设置加强密钥进行管理,还要加强数据运行全部环节中对数据有接触的相关人员的安全教育,提高人员的安全技术水平和安全意识。在提高数据应用的同时有效保证教育大数据的安全性、保密性。

学生全息智能评价需要建立一整套完整的管理制度、运行模式和迭代框架。

首先,学生全息智能评价工作需要完备、高效的管理制度划定评价的范畴、明确各方利益群体的职责与义务。其次,从评价模式改革的角度出发,单个学生全息智能评价项目从项目策划、组织实施、过程督导以及结果反馈都需要运行机制建设。再次,学生全息智能评价要结合社会、组织和家庭对人才培养目标的要求,就必须密切地关注相关的需求变动,不断地调整评价的目标设计、指标体系和组织方式。

以国际学生评价项目(PISA)测评为例,我们可以分析管理标准的价值。一是组织机构的特殊性。PISA是在参与国和地区教育主管部门的大力支持与指导下组织并实施的,其自身的组织机构也较为复杂和严密。PISA的管理委员会(PISA Governing Board)根据OECD教育目标,确定每次PISA评价的政策重点,制定评价指导原则。委员会成员则是由各OECD成员教育部门任命的一位代表和PISA的各参与成员的教育部门任命的一位观察员所组成。每一次PISA测评的具体设计和实施则由多个大型评估机构组

---

[1] 李振,周东岱,刘娜.教育大数据整合:现状、问题、架构与实现策略[J].图书馆学研究,2017(20):47-50.

成的PISA国际联合处(PISA Consortium)来负责。同时,参与成员会任命项目负责人负责监督各自的PISA实施情况,确保实施的高品质,并对调查结果、分析数据、结果报告和出版材料进行检验和评估。

二是作为大型比较评价项目,PISA从测验的试卷编制,到测验对象的选择与程序,再到题目的设置以及评分的标准与过程,均采用了严格的质量保证程序来促进测试的顺利实施,保证了测试结果的可靠性和科学性。

三是评价方式向全面计算机化改进。[1]传统纸笔测试具有相对多的局限性,如统计费时费力、较为抽象和静态等,因此,PISA从2006年的测评开始逐步推行使用计算机在线测试作为选择模块,更在2015年进一步扩展到全面计算机线上测验。这种测试方式不仅可以更好地覆盖PISA评估框架内静态纸笔测试过程中难以捕捉到的细节和方面,还可以提高评估的效率,可以降低运营成本和缩短学生的响应时间;更长远地看,可以使国家内部或国家之间的评估更有效度。同时,以计算机在线为基础的评价方式也能拓宽PISA潜在的评估领域,并在长远的战略层面上阐述其价值。

3.工作标准

工作标准是管理标准的一种。它通常是针对具体的工作岗位制定的标准。工作标准是以有人参加的工作系统为对象的,而且人在该系统中起主导作用。由于人的活动存在个体差别,具有非固定性、应变性和可靠性等特点,因而有制定标准的必要。[2]

以学生全息智能评价的基本标准为例。真的尺度是教师实施学生全息智能评价的基本标准。真分为真知和信仰,无论是真知还是信仰,都包含着主体对客体的价值追求,是一种对事物本质追寻的态度,那么我们所讲的真

---

[1] 陈时见,谭菲.国际学生评价项目(PISA)的发展现状及未来走向[J].比较教育研究,2015,37(07):107-112.

[2] 张友明.标准化综合贡献的科学评估方法[M].上海:复旦大学出版社,2009:10.

的尺度乃是评价主体面对教育活动时,必须根据客体的属性来评价它。[1]

教师作为一个评价主体,也是学生的最直接的评价主体,应该认清楚学生的主动性,不能把学生当作一个消极的知识容器,一味地进行简单的说教和机械化的灌输。在对待学生时,要正确分析学生的个性需求和现实差异。

以学生成长记录袋为例,其是学生在校学习、生活成长记录的重要载体,也是学生评价的重要方式之一。但是,相关研究表明成长记录袋在我国教育实践中存在的误区与不足表现在以下五个方面:丢失了成长记录袋的精髓,致使操作简单化;内容窄化;实施中与教学分离;反思缺失;使用格式化。为此提出了,"教育工作者要有主动的研究意识,才会怀着积极的心态去踏实地钻研成长记录袋的灵魂思想,丰富关于成长记录袋的知识,促进其在学生评价中作用的发挥""教师要认真、细致地研究成长记录袋的评价内容,充分利用好学生的各项作品中展现出来的思维意识、努力程度、学习的过程与方法、情感态度等,以客观、多方面地评价学生的发展情况"等建议。

---

[1] 王淼.教育评价的基本尺度[D].太原:山西大学,2014.

第五章

技术路线

学生评价的改革离不开信息技术平台的支撑。随着计算机以及网络技术的发展,云计算、人工智能等新兴信息化技术为学生评价的数据采集、数据分析、数据反馈等阶段提供了崭新的手段,从技术层面解决了学生评价内容片面化、评价方式单一化等问题,改革了传统的学生质量评价标准,实现了全面评价学生的目标,有效促进了学生的全面发展。本章就学生评价的技术路线进行介绍,并就这些技术如何实现学生全息评价作出阐释。

一、平台建设

(一)学生信息大数据库的建立

长期以来,由于缺乏准确反映中小学教育质量状况的客观数据,我们既不能科学全面地对教育质量作出客观评价,也不能有效诊断存在的问题及其根源,单纯以成绩为标准来评价学生质量的现象一直存在。而学生评价需要建立全面、海量的质量数据库,并进行深度挖掘。现阶段,这些数据多分布在架构、技术各异的应用系统中,数据分散,且由不同职能的部门管理,填报标准、口径各不相同,形成一个个数据孤岛,成为量化评价教育质量的瓶颈。建立统一的数据接口,制定统一的数据标准,完善数据安全防护是学生评价的根基,是促进学生全面发展的奠基石。

1. 建立统一的数据接口

接入区县、学校已有的平台,如学籍管理系统、考试招生管理系统、宿舍出入管理系统等,收集学生基本信息等结构化数据。提供相应的接口收集校园行为和事件等感知方面的数据,如出入口热成像体温检测、考场特征识别等,存储学生、教师、学校、区县、家长的五维海量数据,也存储相关不同时间段的海量数据。各类数据通过标识(ID)和年份(YEAR)链接起来,形成一个既独立又相互关联的数据表,解决数据分散的问题。

2. 制定统一的数据标准

统一数据标准,涵盖师生学习、工作、生活等主题,覆盖人事信息、教育经费、办学条件等领域,持续动态更新大数据建设标准,解决数据标准不统一问题。为实现各级各类信息系统的网络互连、信息互通、资源共享奠定基础,真正做到用数据画像,让数据说话。

3. 完善数据安全防护

管控数据管理权限。针对不同的资源,授权给不同的人员不同的访问权限。控制资源访问权限,降低误操作或非必要操作引起的数据损坏、丢失的风险。

分级管理重要数据,做好数据加密工作。对重要数据实施分级管理并做好加密,实施数据分类分级,对数据生命周期状态进行梳理,根据不同的数据敏感等级以及数据使用状态,统筹规划相应的数据加密、脱敏、审计等数据保护策略,确保数据安全全程可控,建立全生命周期的数据安全防护。

防御数据盗爬(盗爬:按照一定的规则,自动地抓网络信息的程序或者脚本)行为。基于先进的人工智能技术和全球SaaS(Software-as-a-Service,软件即服务)风控服务网络,深度融合全栈式模型体系,实时防御数据盗爬行为。

基于态势感知、区块链技术,全面建立数据安全体系,实现数据的可信、可用、可管、可控,从而全方位保障数据安全。

(二)云计算中心的构建

随着大数据时代的到来,学生身心发展的海量数据对数据处理方式提出了更高的需求。重庆市区县众多,各区县采用独立的服务器,使得学生数据缺乏整合和统一,数据资源难以便捷快速地使用。云计算能够更为及时迅捷地进行海量数据处理,具有资源配置动态化、需求服务自助化、网络访问便捷化、服务可计量化、资源虚拟化等特点,使得其在教育领域尤其是教育评价平台构建方面具有广阔的应用前景。

云计算中心能将重庆市各区县学生评价服务器资源通过教育宽带网进行分布式整合和资源虚拟化,能让学生、家长、学校、区域及其他用户突破时空的限制,只要有网络就可以利用电脑、手机等终端设备随时查看或使用学生的数据资源。同时,云计算中心具有高度可靠性,能将需要做的运算分散到大量的分布式计算机上,使每个用户都能获取同样优质的服务。此外,云计算中心还提供按需自助服务。其使用计量的方法来自动控制和优化资源使用,不同使用者能根据自身需求,自助选择性地获取云计算中心的服务。

构建云计算中心,实现各区域、学校所有学生教育质量监测数据的动态实时采集,实现对学生的过程性评价,实现学生、学校、家长、社区、政府等多方共同参与教育质量评价过程。为学生评价大数据的汇集融合、高效运算、分析挖掘及教育应用的开发与运行提供了基础支撑。

(三)智能评价平台的打造

为保证学生评价的高效性、科学性和精准性,在大数据库和云计算中心的基础上,打造智能评价平台,实现学生评价智能化。该平台集数据采集、分析、预警及反馈于一体,是学生评价的重要媒介,具有高并发、支持多终端、接口开放、部署方便等特点,同时支持学生个体评价及群体监测。通过学生全息智能评价平台,将采集到的有关学生课堂内外、正式学习环境和非正式学习环境、线下学习和线上学习等相关数据汇集,并进行数据清洗、汇集成库、建模分析,模拟投射出涵盖学生行为特征、思想品德、认知水平、心理健康、体质健康、艺术成就等方面的个性化、立体化、全方位学生个体数字信息画像以及学生群体智能画像。

1. 数据采集平台

针对不同用户群体不同的评价需求,平台通过多终端设备(PC、移动设备、可穿戴设备、无感知设备、视频监控、智能录播、点阵数码笔、校园一卡通等)对学生、教师、家长等群体的学习、生活、教学等全时空数据进行实时、规模化的采集。个体层面,平台能对学生的学习、生活及生物数据进行实时规模化的采集,投射出个性化、立体化、全方位的"数字学生"信息画像;群体层面,平台对各类评价对象的各项评价数据进行阶段性存储、汇聚,科学、全面地获取区域、学校的教育质量状况。

数据采集平台具有以下功能:

数据上报。分级采集区县、学校、教师、学生等基本信息,操作简单,兼容常用的数据格式。(图5-1)

图5-1 数据上报系统

网络问卷填答。包括 Web 和手机 App 两种方式,具有高并发、功能全面、操作简单等特点,单台普通服务器可同时承载 10 万余人作答,实现了教师、家长、学生问卷网上作答,节约成本,缩短后期处理时间,保证了数据的准确性。(图 5-2,5-3)

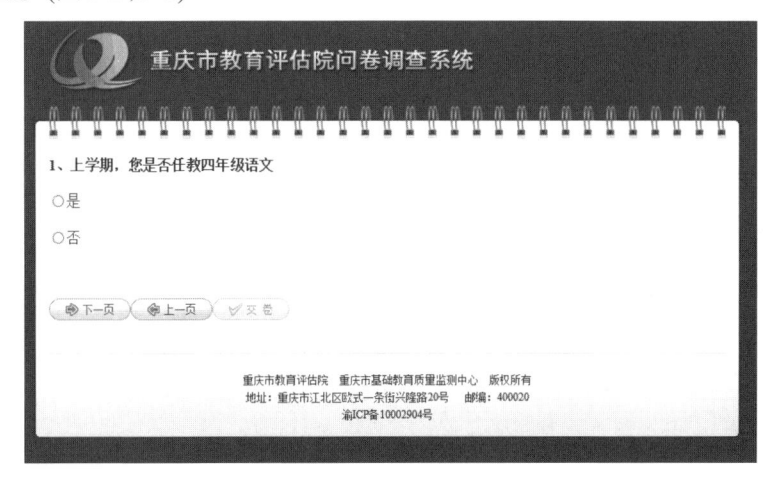

图 5-2 网络问卷填答系统

图 5-3 手机 App 问卷填答系统

计算机测试。计算机测试具有并发率高、反馈及时、功能多样、操作便利的特征,有利于促进教育质量监测的客观性和精准性。一是能同时承载10万余人登录作答,节约印刷成本,节约排版、后期数据扫描的时间;二是能实时反馈作答情况,便于填答进度的实时监控;三是能实时获取作答数据,与题库系统相联系,快速匹配学生答案,减少扫描、阅卷工作量;四是能同时呈现单选题、多选题、填空题、矩阵单选题、矩阵多选题等丰富的题型,同时内嵌多种操作模式,可实现文字、符号、图片、公式的输入,节约答题者时间,提高作答效率。(图5-4)

图5-4 在线测试系统

工具扫描、网络阅卷。项目组采用OCR(Optical Character Recognition)图文识别技术,研发了纸质文件自动识别系统,自动读取客观题数据,对主观题进行图片切割,实现了多学科混合扫描。网络阅卷系统将每道题目进行标准答案匹配,以便专家评阅。阅卷系统单台笔记本电脑可支持500个以上的评卷用户同时判阅,提高了纸质工具数据采集效率及准确性。(图5-5,5-6)

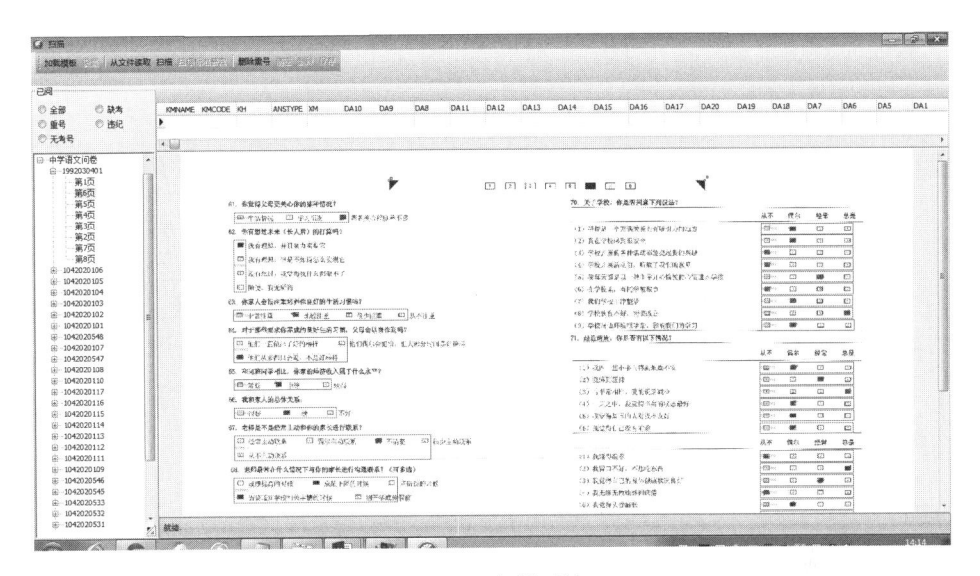

图5-5 扫描系统

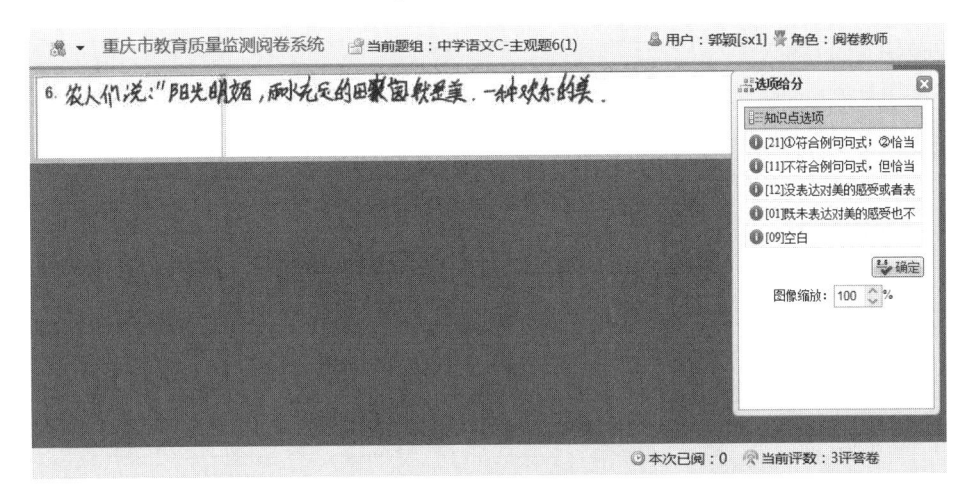

图5-6 阅卷系统

2.数据清理和分析平台

平台建立类似于人脑的分层模型结构,对输入数据逐级提取从底层到高层的特征,提取数据中更加抽象的特征,实现对数据更本质的刻画,能很好地建立从底层信号到高层语义的映射,并依据一系列学生能力发展评价、教育质量测评模型处理与分析数据。主要涉及数据清理和数据分析系统。

数据清理系统用于对原始数据进行自动化清理。该系统植入了数据测谎技术、数据逻辑判断技术、缺失值处理技术、多选题拆分技术，可以科学高效地处理大量噪声数据，一键清理重复ID，批量处理多个表中的多选题和反向题。同时，该系统记录了所有的清理步骤，以便查错与修改。（图5-7）

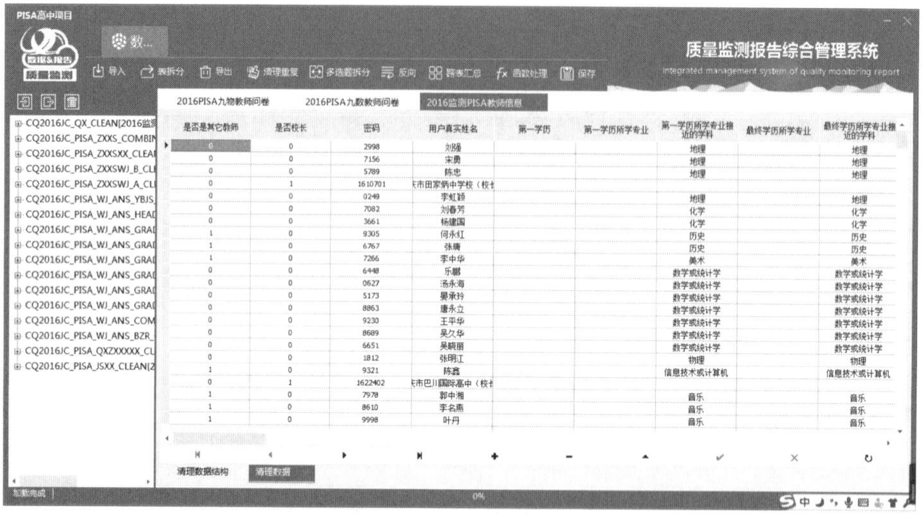

图5-7　数据清理系统

为了处理海量的监测评估数据，平台内置多种先进数据挖掘技术，实现数据分析的全面化、自动化。主要的分析算法有：IRT（Item Response Theory，项目反应理论）、似真值计算、潜在类别分析、频数分析、描述分析、相关分析、T检验、方差分析、非参数检验、回归分析、多层线性模型、结构方程模型、里克特量表、带虚拟变量的主成分分析、社会经济地位指数合成等。

通过对统计指标的判断，自动选取比较方法，既能依据各学段学生监测数据分析学生发展共性与个性，深度挖掘学生发展的过程与特点，精准预测学生未来的发展潜力与趋势，又能实现学校、区县、全市自下而上的结果自动化比对机制，使各评价对象充分了解自身教育现状，并科学比较与全市或所在区域存在的差异，找准自身所处位置。

3.个性化预警推荐平台

学生评价除了要关注当前的状态,更需要综合考察学生发展影响、发展性评价标准及对学生的增值评价。基于国际常用的增值评价模型,建立纵向追踪机制,全方位追踪学生学业成绩、身心健康、行为习惯等方面的变化情况,揭示学生发展的过程与结果,并自动找到影响学生发展的关键因素及建立各因素之间的关系结构,总结归纳出优秀学生的发展曲线及培养方法,建立学生个性化发展预警推荐平台。

可构建智能学习秘书和个性化推送学习方案。通过建立学生学习过程SOM(Self-Organizing Feature Map,自组织特征图)模型、模糊层次分析法(FAHP)关键能力培养效果分析模型、学习遗忘曲线模型等,对学生进行全方面深度挖掘,个性化推送学习方案,实现"一生一案"个性化教育。建立动态预警体系,引入关联规则方法和决策树方法,探寻学生表现的各项影响因素,对可能的危机事件的范围、影响程度进行科学分级,制定分级预案,进行分级预防和应急处理,逐一匹配、筛选,输出预警信息,实时干预,形成"诊断—优化—完善"的动态预警体系,激发学生全面而有个性地发展。

4.评价结果反馈平台

反馈平台能满足学生、教师、学校、教育行政部门、教研机构、家长、用人单位等不同的评价反馈需求,实时、自动地提供评价数据,为学生发展、学校管理、政府决策、考试招生、用人选拔、家庭教育推送建议,提供预警,促进改进。

评价结果反馈平台支持个体和群体两种层面的结果反馈。学生个体层面的结果反馈是根据"个性化预警平台"通过分析算法和机器学习实现的语义库来实现数据报告科学、高效地自动生成,从而建立快捷的学生个体评价反馈机制。群体因素层面的结果反馈是根据学校、家庭、区域等数据,诊断其存在的问题,并自动分析数据之间的相互关系,形成教育教学规律库,并随着数据库的数据动态变化而更新。相关规律将动态地自动推送给教育行

政部门领导、学校管理者、教研员、一线教师，促进教育教学改进、提升教育教学的精准性。（图5-8）

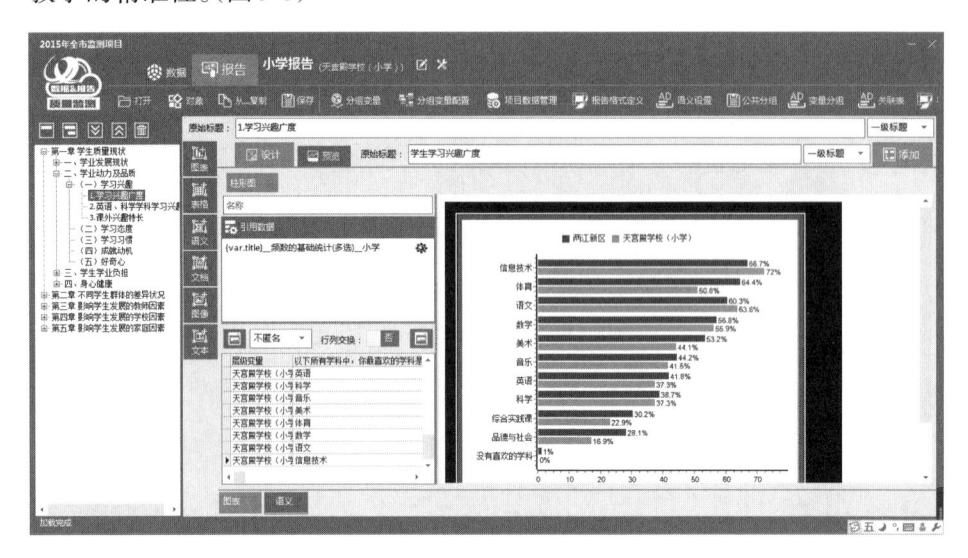

图5-8 数据分析及报告生成系统

反馈平台分为实时性过程反馈及结论性报告反馈两类，实时性过程反馈是在学习过程中系统自动根据学生状况建立的自适应反馈机制（自适应学习系统中体现），结论性报告反馈是阶段性的以自动化报告方式进行的反馈。系统将基于学生、教师、家长的全方面、全场域、全阶段的数据分析结果，为不同用户进行反馈，并提供个性化建议。

二、技术支撑

（一）可行性分析

教育评价改革是教育改革的关键环节。构建全面、客观的学校教育评价体系是学校教育评价转段升级的关键环节，也是学校教育落实立德树人根本任务的重要着力点。在5G支持下，教育评价可通过四个途径实现智能化和全息化。一是多元的数据采集技术，基于物联网技术、图像识别技术、生物基因技术、互联网技术实现多渠道、多领域、多方式,即时、全面地获取学生成长过程中的数据,提高数据采集的性能。二是数据挖掘技术,通过数据的分类、汇总、清洗、挖掘相关技术,创建特定问题域的度量,构建一个能起到关键作用的系统,形成度量标准,基于生成式对抗网络技术智能分析学生行为特征、思想品德、认知水平、心理健康、体质健康、艺术成就等方面,从而解决"为谁培养,培养什么样的人的问题"。三是通过数据可视化技术将数据用图像、曲线、二维图形、三维体和动画等直观的方式呈现出来。四是基于强化学习技术,研究智能反馈系统,能够根据学生的个性化差异表现,为不同使用者(学生、教师、学校、教育行政部门、教研机构、家长、用人单位)建立贝叶斯等数学模型,精准智能推送有针对性的内容,促进因材施教,并对相关问题进行预警及干预。

数据的采集。学生的数据具有多通道的属性,但传统采集方式较为单一,难以全面地获取学生的数据。在5G网络的支持下,借助物联网技术家庭、校园、社会均可以广泛设置具备物联网通信能力的传感器、触发器、智能微尘,全面透彻地采集校园、家庭、典型社会场景内人与物的状况数据,实现学生与外部环境、设施、终端、平台的有机结合,有助于改善评价数据不全面的问题。

数据的存储与挖掘。学生数据采集方式的多样化,促进了数据挖掘技术多样性发展。传统数据挖掘倾向于对测评数据的挖掘,随着信息技术的发展,音视频数据、交互数据等对数据挖掘技术提出了新的要求。为将学生多维度、多模态的表面化特征转换为学生有价值的数据,加以分析得出学生学习、生活的规律并进行评价,需要对上述数据进行处理,其中处理主要包括对数据的存储、清洗、音视频分析、自然语言分析、评估性分析、预测性分析、探索性分析等。基于上述操作,实现了对不同类型的数据的统一分析。

数据的呈现。分析学生数据之后,学生学习、生活等多方面的规律将可借助于可视化技术手段以多维的、立体化的形式进行深度展现,能够对学生有更清晰的认识。并可基于人工智能技术,根据评价者的不同属性(学生、教师、教育管理者、家长、高校、用人单位等),出具个性化的、直观的评价报告。

数据的反馈。通过对评价报告的深入分析,能为学生、教师、教育管理者、家长、高校、用人单位等提供个性化的、智能化的学习材料、身心测评等内容,借助虚拟现实技术,提供现实中较难实现的场景对学生进行干预指导,并通过多种终端以交互式任务的形式呈现给不同需求方,实现基于学习评价结果的引导和改进。

学生全息智能评价涉及多方面的技术,所采用的相关技术成熟,经过长时间、大范围地使用、补充和优化,其精细程度、优化程度、可操作性、经济性等方面会变得更好,已被广泛采用并被反复证明是行之有效的。

(二)主要技术运用

1.5G 技术

在高度依赖网络的时代,学生学习的主要方式是基于网络的智慧学习。5G 技术是智慧化教学情境中,帮助学生获取知识、进行人际交往、能力得到提升的重要媒介。

5G 技术是最新一代蜂窝移动通信技术,是 4G 系统的延伸。5G 的性能目标是高数据传输速率、减少延迟、节省能源、降低成本、提高系统容量和大规模设备连接。

随着 5G 移动通信技术的发展,万物互联、生活云端化以及智能交互将会改变学生未来的学习和生活。

2.安全保障技术

对学生全息智能评价系统来说,安全包括两个方面:一方面包括的是物理安全,指网络系统中各通信、计算机设备及相关设施等有形物品的保护。[1]另一方面是逻辑安全,包含信息完整性、保密性以及可用性等。物理安全和逻辑安全都非常重要,任何一方面没有做好,网络安全就会受到影响,在进行安全保护时必须合理安排,同时顾全这两个方面。因此考虑采用态势感知技术、区块链技术全面保护学生全息评价智能系统的安全。

(1)态势感知技术

态势感知(Situation Awareness)是在一定的时间和空间条件下,对环境因素的感知、理解以及对其发展趋势的预测,态势感知源于战争中敌我双方对攻防态势的估计。学生全息智能评价系统的态势感知能力由使用的电子设备和系统的运行状况、设备行为、用户行为等因素所决定,通过多传感器多手段协同侦察方式,对能够引起空间态势发生变化的所有环境要素进行获取、理解和评估,并预测其发展趋势。一是对各种影响系统安全性的要素进行检测获取,安全要素包括电磁信号层、通信与网络协议层、信息层和行为层的安全信息;二是对采集到的多源安全信息采用分类、归并、关联分析等手段进行融合,得到规范化的数据;三是对融合的数据进行综合分析,提取有用的信息,评估空间的安全态势,并给出相应的应对措施;四是对空间的安全态势的发展趋势进行预测,及时预警,预防大规模安全事件的发生,减轻行动危害。[2]

学生全息评价系统的态势感知的流程包括数据采集、态势理解、态势评估和态势预测四个部分。数据采集是通过各种检测工具,对影响网络安全的所有要素信息进行采集;态势理解是对各种网络安全要素数据进行处理,分析影响网络的安全事件;态势评估定性定量分析网络当前的安全状态和薄弱环节,并给出相应的解决方案;态势预测估计网络安全状况的发展趋势。以工作流程为主线,辅以对应的要素关系的分析和平台建设的关键技

---

[1] 蔡希.网络环境下的信息安全[J].通讯世界,2019,26(05):130-131.
[2] 张勇.网络安全态势感知模型研究与系统实现[D].合肥:中国科学技术大学,2010.

术支撑模块,构建学生全息评价系统的态势感知体系框架[1](图5-9)。

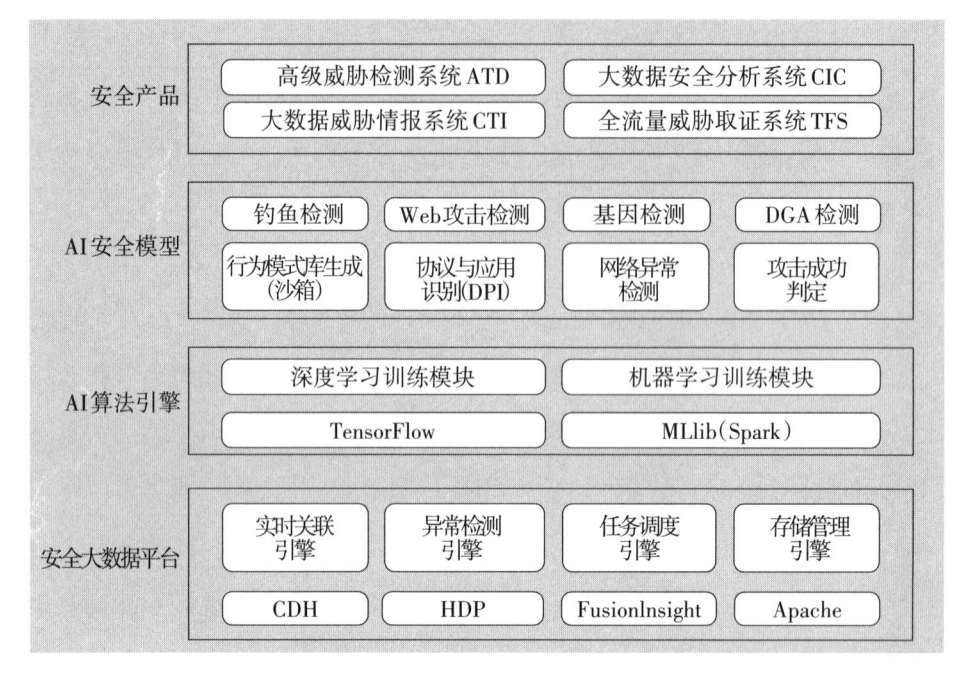

安全产品	高级威胁检测系统 ATD	大数据安全分析系统 CIC
	大数据威胁情报系统 CTI	全流量威胁取证系统 TFS

AI安全模型	钓鱼检测	Web攻击检测	基因检测	DGA检测
	行为模式库生成(沙箱)	协议与应用识别(DPI)	网络异常检测	攻击成功判定

AI算法引擎	深度学习训练模块	机器学习训练模块
	TensorFlow	MLlib(Spark)

安全大数据平台	实时关联引擎	异常检测引擎	任务调度引擎	存储管理引擎
	CDH	HDP	FusionInsight	Apache

图5-9 学生全息智能评价系统的态势感知体系框架

(2)区块链技术

学生全息数据将基于区块链技术通过分层存储,利用密码学的方式,同时通过监控管理体系,建立数据库账号认证体系,完善人防技防和风险防控机制,从而全方位保障数据安全。

区块链技术对学生数据的有效运用主要体现在去中心化、开放性高、安全性强三个方面。去中心化体现在:通过分布式核算和存储,各个节点实现了信息自我验证、传递和管理,不依赖第三方管制,避免数据的传播和扩散。开放性高体现在:除了需要的学生隐私数据被加密外,区块链的数据对所有人开放,任何人都可以通过公开的接口查询区块链数据和开发相关应用,因此整个系统信息高度透明,数据运用率高。安全性强体现在:只要不能掌控全部数据节点的51%,就无法肆意操控修改网络数据,这使区块链本身变得

---

[1] 张勇,丁建林.赛博空间态势感知技术研究[J].信息网络安全,2012(03):42-44,80.

相对安全,避免了主观人为的数据变更。

3. 数据采集技术

数据采集的对象包括学生、家长、教研机构、学校、教育行政部门、教师等;采集的内容包括上课、考试、参加活动、上兴趣班、过马路、睡觉、生物基因等相关信息;采集的形式包括文本、图像、视频、音频、生物基因等(见图5-10)。学生全息智能评价用到的主要技术如下:

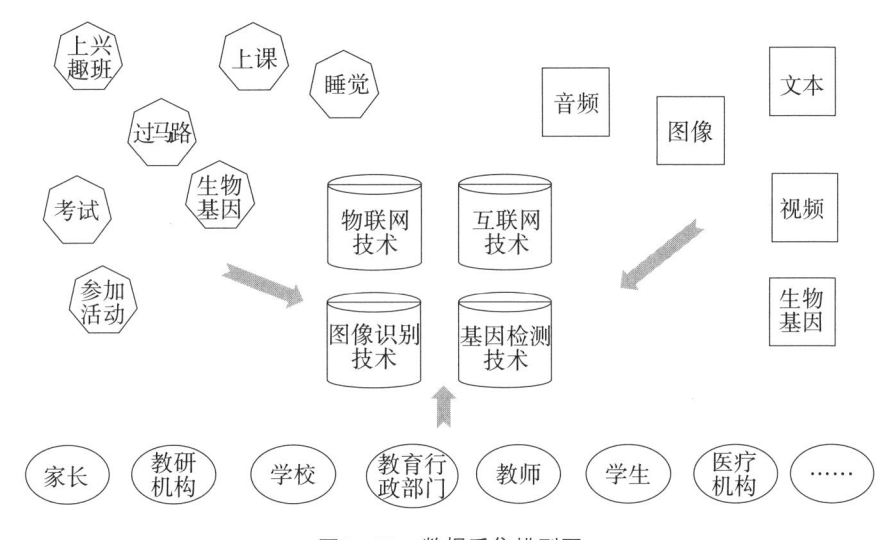

图 5-10 数据采集模型图

(1)教育测评技术

①量表测验

量表是一种严格、标准的测量工具,它可以被看作一把尺子,用这把尺子可以对学生的言语、行为等各属性进行测量。一般情况下,一份成熟的量表必须保证其信度和效度达到统计学标准。

信度指测评的稳定性和一致性程度,通常情况下,总量表的信度系数应该在0.8以上,0.7—0.8之间可以接受;分量表的信度系数最好在0.7以上,0.6—0.7之间可以接受;0.6以下要考虑重新编制该量表。效度指的是测量

---

1 张治,戚业国.基于大数据的多源多维综合素质评价模型的构建[J].中国电化教育,2017(09):69-77,97.

数据能够代表所要测量的内容的程度,测量结果与要考察的内容越吻合,则效度越高;反之,则效度越低。此外,量表往往有常模可以参照。常模即一定人群在所测特性上的普遍水平或分布情况,可反映不同群体在测验上的表现差异。

投射测验。有些心理特征是很难直接观察和测量的,例如人们的欲望、动机、需要等等,这时就需要用投射的测量方法。所谓投射法,就是让学生通过一定的媒介,建立自己的想象世界,在无拘束的情景中,不自觉地表露出其个性特征的研究方法。其主要的方法有以下几种:

联想技术。为学生呈现一些刺激,请学生告知对这些刺激的反应,根据学生的反应做出分析。常用的有墨渍投射测验、字词的联想测验等。

构成技术。学生需要根据一个或一组图形或文字材料讲述一个完整的故事。这种测验主要测量学生组织信息的能力,从测验的结果分析学生的深层心理。比较著名的有:主题统觉测验、麦克莱兰的成就测验,除此之外,还有测量信念、宗教信仰、价值观等的测验,这种技术主要侧重于对学生的结果性产出进行分析。

词句完成法。呈现一些不完整的句子给学生,请学生根据自己的想法将句子表述完整,例如"我觉得我们的学校……",学生可以作出各种反应。

等第排序技术。请学生按照某种标准将目标、愿望、需要等排序。在实际测量中,测量价值观、成就动机、态度可以使用这种技术。

表现技术。要求学生参加一些符合实际生活场景的活动(如做游戏、演戏、角色扮演、画画等),通过这些活动可表现出他们独特的需要、愿望、情绪、动机以及他们处理事物和人际交往的方式。这种技术主要侧重于对学生的过程性活动进行分析。

个案分析技术。请学生根据文中提供的线索做出自己的判断和评价,学生操作时要付出努力,充分发挥想象力,这种方法能引起学生的很大兴趣。

②刺激和记录反应类技术

在采集学生数据的过程中,还可以用简单的仪器来呈现刺激和记录数据。使用这类仪器可以排除一些干扰因素,增加数据的客观性和准确性,可以同时长时间搜集多种资料。这些仪器包括:

产生刺激的仪器,如速示器、记忆鼓、色轮、闪光融合器、棒框调节器、复合器、深度知觉仪、测听器、触觉仪等。

记录反应的仪器,如反应时仪、多导记录仪、斯金纳箱、拉什利跳台、测谎器等。这些仪器主要用于记录反应频率、反应时间、反应强度和反应正误等行为指标。

③脑科学和认知神经科学技术

脑科学和认知神经科学技术是指通过科学的仪器对学生进行测试,以了解学生基本信息的一种科学方法。随着科学技术的发展,使用仪器的测量技术越来越多,如肌电生物反馈技术、脑成像技术、眼动技术、刺激和记录反应技术等,这些技术在测量人的认知、注意力、情绪、兴趣、技能等方面起到了举足轻重的作用。

肌电生物反馈技术。生物反馈是利用电子仪器将与心理生理过程有关的肌体生物学信息(如肌电、皮电、皮温、心率、血压、脑电等)加以处理,以视觉或听觉的方式显示出来(即信息反馈),训练人们通过对这些信息的认识,有意识地调控自身的心理生理活动。肌电反馈能较为敏感且迅速地反映肌体不同部位肌肉的紧张程度,也可以反映情绪的兴奋程度。

脑成像技术。大脑工作时,神经细胞中离子的运动产生电流,在头皮表面形成微弱的电位,这些电位可以通过高灵敏度电极和放大器探测并记录下来。脑成像技术是采用现代物理学与生理学原理呈现大脑功能活动的多种技术手段。脑成像主要分为如下四类。

事件相关电位(ERP)。在给予神经系统(从感受器到大脑皮质)特定的刺激,或使大脑对刺激(正性或负性)的信息进行加工时,在该系统和脑的相应部位会产生可以检出的、与刺激有相对固定时间间隔(锁时关系)和特定位相的生物电反应。

正电子发射断层显像术(PET)。扫描仪通过检测被注射入或被吸入的放射物产生脑图像。经常使用的放射性物质包括氧、氟利昂、碳和氮。这些物质进入血液后被输送到使用这些物质的脑区。于是,氧和葡萄糖就会积聚在新陈代谢较活跃的脑区。放射性物质衰变时会发射出一个中子和一个正电子。当正电子撞击电子时,两者都被破坏,放射出两道伽马射线。伽马射线检测器记录下发出伽马射线的脑区。这种方法提供了脑的功能视图。

磁共振成像(MRI)。磁共振成像使用无线电频率信号检测,信号产生于磁场中转移的无线电波。它提供了脑的解剖视图。

功能磁共振成像(fMRI)。功能磁共振成像对流向特定脑区的血液的变化进行检测。它同时提供脑的解剖和功能视图。神经活动兴奋性水平增强时,局部脑组织血流量、血流容积以及血氧消耗量均增加,但增加的比例不同,脑血流量增加超出血流容积24倍,而血氧消耗量仅轻微增加,血流量增加超出了血氧消耗量的增加。利用快速磁共振技术,就可以将大脑这短时间内的变化检测出来。

④眼动技术

眼动技术是以硬件为基础的视线跟踪技术,其基本原理是利用图像处理技术,使用能锁定眼睛的眼摄像机,通过摄入从人眼角膜和瞳孔反射的红外线连续地记录视线变化,从而达到记录分析视线跟踪过程的目的。以硬件为基础的方法需要学生戴上特制的头盔或者使用头部固定支架。以软件为基础的视线跟踪技术是先利用摄像机获取人眼或脸部图像,然后用软件实现图像中人脸和人眼的定位与跟踪,从而估算用户在屏幕上的注视位置。

(2)学业测评技术

学业测评技术指用于测查学生在相关学科领域的知识掌握情况,以及其运用所学到的学科知识解决实际问题的能力的技术。常见学业测评技术包括:组卷技术和抽样技术。

①组卷技术

近年来,由于一些大型国际教育测评项目[如 TIMSS、PISA、NAEP(National Assessment of Educational Progress,国家教育进展评估)等]的迅速发展,矩阵抽样技术因其较好地解决了广泛的测试内容和有限的测试时间之间的矛盾,而在大规模教育测评项目中逐渐得到了普遍应用。

矩阵抽样技术下的题册组卷有多种方式,目前常用的包括完全矩阵抽样、不完全矩阵抽样、平衡的不完全组块设计。

完全矩阵抽样。完全矩阵抽样是对每个学生施测每个目标下的一道独特的试题,学生之间所做的题完全不一样,但所有学生所答题目合起来便是测试的所有内容。

不完全矩阵抽样。不完全矩阵抽样是首先从题库中选取一些具有代表性的典型题目作为共同题目,即"锚题",锚题对所有学生都施测,然后将除去锚题后的剩余所有题目根据完全矩阵抽样方法分成若干题册。

平衡的不完全组块设计。平衡的不完全组块设计是首先将所有题目分成若干个平行组块,各组块之间的内容不交叉,形式相似、作答时间接近,然后将组块组合成若干个题册,每个题册包含相同数量的组块。

每个题册中的组块要同时满足几个条件:

a.每个组块与其他组块的配对仅出现在一个题册中;

b.每个组块在题册的所有可能位置上出现的次数相等(通常只出现一次);

c.相邻两个题册至少包含一个相同组块作为锚组块。

②抽样技术

通常需要了解学生整体学业情况时,重点是掌握一个区域内的学生整体质量,可使用抽样技术对部分学生进行考查和分析推断该区域学生整体情况。实际抽取进行调查的这部分学生群体被称为"样本"。抽样的优点是可以节省成本和时间,但通过样本反映总体情况会存在误差。因此,不同的条件要选择适当的抽样方法,从而更真实地反映总体情况。

简单随机抽样。简单随机抽样是从总体 N 个单位中任意抽取 n 个单位作为样本,使每个可能的样本被抽中的概率相等。

系统抽样。系统抽样是先将总体按照一定顺序排列,采用简单随机抽样的办法抽取第一个样本(也称为随机起点),再依据一定的抽样距离抽取其余的样本,因此,系统抽样也被称为等距抽样。

分层抽样。分层抽样是将总体划分为若干个子总体,或称为不同层,然后按相应的比例分别从每个层中抽取样本。因此分层抽样也被称为类型抽样法。

整群抽样。整群抽样是将总体中各样本归并成若干个互不交叉、互不重复的集合,称之为群,然后在若干个群中抽取部分群,每一个群里的样本全部选中。所以整群抽样又被称为聚类抽样。

概率比例规模抽样(PPS抽样)。PPS抽样是指将总体划分出容量不等的具有相同标志的单位,再按规模大小成比例的概率抽样,属于概率抽样中的一种。

(3)学生能力自适应测评技术

自适应测验,亦称"因人施测测验",是指按学生的反应特征调整题目范围的测验。其策略为,若学生正确回答一个题目,下一个项目就更难;若学生错误地回答一个项目,下一个项目就更易。可采用纸笔或计算机等形式,但计算机自适应测评形式是最佳方式。计算机自适应测评技术是指将计算机技术、自适应学习理论和教学相结合,根据学生自身的能力自动地选择难度合适的测试内容让学生进行学习,从而提供多样化、个性化测评内容,实现个性化测评。计算机自适应测评技术的两大核心技术是项目反应理论和计算机技术,项目反应理论能够将测试试题的难度、区分度和猜测参数综合成一个信息函数,并根据信息函数的大小选择下一个呈现的题目。通常是在学生回答了少数几个题目后,系统就运用联合极大似然估计法,估计学生的能力,并根据信息量最大的原则选择下一题目,即该题目能够在此能力水平上提供最多的信息。这样就可以用较少的题目达到所需的测量精度。另一方面,学生做自适应测评时,只有运用计算机才能记录学生对试题判断的反应及信息函数的计算和试题的选择。通过计算机自适应测试技术,能够更好地反映学生的真实水平,更好地对学生当前的能力进行估值并持续更新,更好地对学生学业发展的变化趋势持续跟踪。

(4)虚拟现实类测评技术

借助虚拟现实类技术,测评内容和方式将基于现实生活中的真实音频、视频、场景去设计,将学生置于虚拟现实场景,去实现对其认知、能力、情感、态度等全方位立体式的测评与分析。

①虚拟现实技术

虚拟现实技术利用计算设备模拟产生一个三维的虚拟世界,提供视觉、听觉等感官的模拟,有十足的"沉浸感"与"临场感"。虚拟现实技术是计算机仿真技术的一个重要方向,是计算机仿真技术与计算机图形学人机接口技术、多媒体技术传感技术、网络技术等多种技术的集合,是一门交叉技术前沿学科和研究领域。

②增强现实技术

增强现实技术是一种将真实世界信息和虚拟世界信息"无缝"集成的3D新技术,是把原本在现实世界的一定时间空间范围内很难体验到的实体信息（视觉信息、声音、味道、触觉等）通过电脑等科学技术，模拟仿真后再叠加，将虚拟的信息应用到真实世界，被人的感官所感知，从而达到超越现实的感官体验。真实的环境和虚拟的物体实时地叠加到了同一个画面或空间。随着CPU运算能力的提升，增强现实技术的用途将会越来越广。

增强现实技术不仅展现了真实世界的信息，而且将虚拟的信息同时显示出来，两种信息相互补充、叠加。在增强现实技术中，用户利用头盔显示器，把真实世界与电脑图形多重合成在一起。

③混合现实（MR）技术

混合现实（MR）技术是虚拟现实技术的进一步发展，该技术通过在现实场景呈现虚拟场景信息，在现实世界、虚拟世界和用户之间搭起一个交互反馈的信息回路，以增强用户体验的真实感。

混合现实技术结合了虚拟现实技术与增强现实技术的优势，能够更好地将增强现实技术体现出来。

(5)传感技术

基于各类传感器技术，学生生活学习中的静态数据、过程数据、生物数据（如脑电、皮肤电、心率、皮表温度等生理指标；反应力、注意力、记忆力和创造力等认知指标）等，都能通过音频、视频、图像、文本等多种形式被高效快速地获取。

传感技术就是传感器的技术，可以感知周围环境或者特殊物质（如气体感知、光线感知、温湿度感知、人体感知等），把模拟信号转化成数字信号，传送至中央处理器处理。最终将形成气体浓度参数、光线强度参数、温度湿度数据等并显示出来。

随着科学技术的迅猛发展以及相关条件的日趋成熟，传感器技术逐渐受到了更多人士的高度重视。传感器技术在教育领域的应用，是物联网时代的发展趋势。在课堂教学、教学资源、学习环境、教学评价，以及学校的安全管理方面都将展现它优越的价值。

(6)物联网技术

物联网是指通过各种信息传感器、射频识别技术、全球定位系统、红外感应器、激光扫描器等各种装置与技术,实时采集任何需要监控、连接、互动的物体或过程信息,采集其声、光、热、电、力学、化学、生物、位置等各种需要的信息,通过各类可能的网络接入,实现物与物、物与人的泛在连接,实现对物品和过程的智能化感知、识别和管理。通过物联网技术,可以实现学生与万物互联并进行智能化感知,实现学生数据全域化获取。利用物联网技术,可以将学生大量的成长信息进行无缝、智能接入和汇聚一体,并能对学生的成长数据和各方面信息进行分析处理。

(7)音视频检索技术

音视频检索技术根据音频、视频结构的特点,借助对音视频媒体从底层到高层进行处理、分析和理解的过程获取其内容特征并根据内容特征进行检索,满足用户多层次的检索要求。它以图像处理、模式识别、计算机视觉、图像理解等领域的知识为基础,近年来在教育领域中发展迅速。

学生大量的音频、视频数据可以用音视频检索技术按照一定的标准来描述,可使搜索这些多媒体数据就像现在搜索文本信息那样方便。除此之外,高精准描述能使用户快速、精准地筛查学生某一方面的数据。因此,在学生评价过程中能快速定位想要的音视频数据,提高学生评价的效率。

(8)自然语言处理技术

教育领域对自然语言处理技术确实有着强大的需求。自然语言处理研究的目标是让人类用自然语言形式跟计算机系统进行人机交流,从而更便捷、有效地进行信息处理。自然语言处理主要研究内容包括:语言计算(语音与音位、词法、句法、语义、语用等各个层面上的计算),语言资源建设(计算词汇学、术语学、电子词典、语料库、知识本体等),机器翻译与机器辅助翻译,手写和印刷体文字识别,语音识别及文语转换,信息检索(搜索引擎、信息抽取与过滤),文本分类,以自然语言为枢纽的多媒体检索,与语言处理相关的数据挖掘、机器学习、知识获取、知识工程、人工智能研究,与语言计算相关的语言学研究,社会计算(特别是社交媒体计算、社会网络分析、内容计算),人文计算等。

依托于自然语言处理技术,学生语言类作业如作文、英文写作、问卷的主观题以及语音应答等难题能得到高效正确的处理。借助自然语言处理等技术,能有效支持大规模应用实时、持续采集微观教与学、教与管、管与学过程性数据的需要,实现构建教学动态生成性数据采集生态系统,可靠地支撑全息智能评价的数据来源。

4.数据挖掘技术

数据挖掘技术可以作为全息智能学生评价的核心技术支撑。数据挖掘技术可以从个体、群体以及相互关系上深入分析数据资源,探索学生问题的深层次原因,为教育教学提供指导。主要包括以下技术:

(1)云存储技术

学生全息智能评价将服务于全体学生,为每一个学生建立一个包含全学段、全场域信息的个人成长档案。个体成长背景、日常行为表现、学科考试成绩、心理测评结果、认知诊断结果、生理健康指标等各项结构化和非结构化的大规模数据的存储将依托于云存储。

云存储是在云计算概念上延伸和衍生发展出来的一个新的概念。云计算是透过网络将庞大的计算处理程序自动分拆成无数个较小的子程序,再交由多部服务器所组成的庞大系统经计算分析之后将处理结果回传给用户。

云存储可以实现存储管理自动化和智能化,学生所有的存储资源被整合到一起,只看到单一存储空间;提高了存储效率,通过虚拟化技术解决了存储空间的浪费,可以自动重新分配数据,提高了存储空间的利用率,同时具备负载均衡、故障冗余功能;还能够实现规模效应和弹性扩展,降低运营成本,避免资源浪费。

(2)数据分类技术

机器学习、专家系统、统计学和神经网络等领域的研究人员已经提出了许多具体的分类预测方法,如决策树法、KNN法(邻近算法)、SVM法(支持向量机)、Bayes法、神经网络分类算法等分类方法。(图5-11)

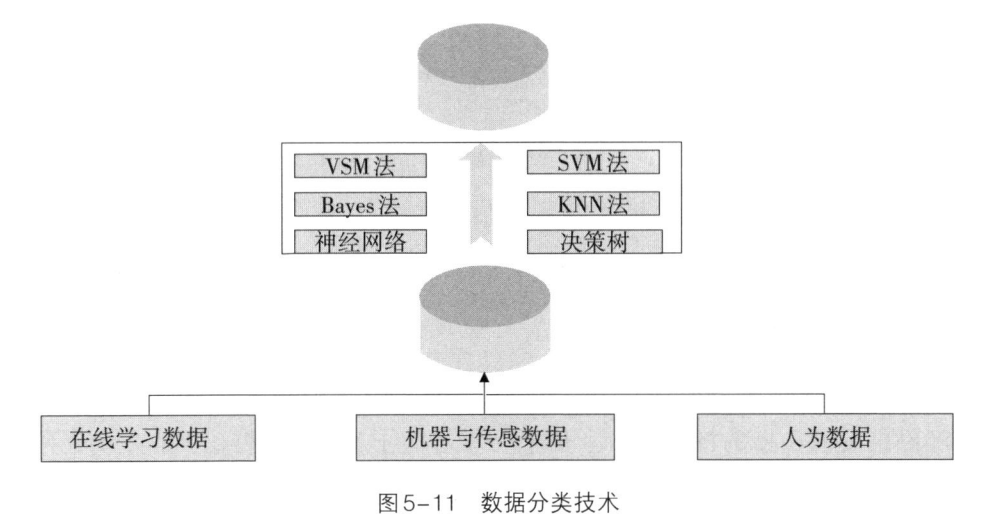

图5-11 数据分类技术

传统的迁移学习方法对新领域适应能力较弱,且模型迁移效果往往取决于模型设计人员对新领域的主观认知,难以从参数角度和网络构型上取得最佳效果。全息智能评价可以运用"元学习"方法,进一步分析数据分布特征,研究如何让神经网络充分利用已学习的知识,能根据新任务调整原有模型,仅仅少量人工标注的样本,即可完成新领域模型的训练,从而进一步提高全息智能评价系统数据自动标注的成功率,提升样本稀疏领域的模型准确率。

深度学习的多领域关联时空大数据管理与融合技术、先验知识与迁移学习结合的跨领域数据挖掘关键技术、交互可视化的跨领域数据挖掘关键

技术等几类技术正处于研发攻关阶段，可在此基础上形成技术实现方案。（图 5-12）

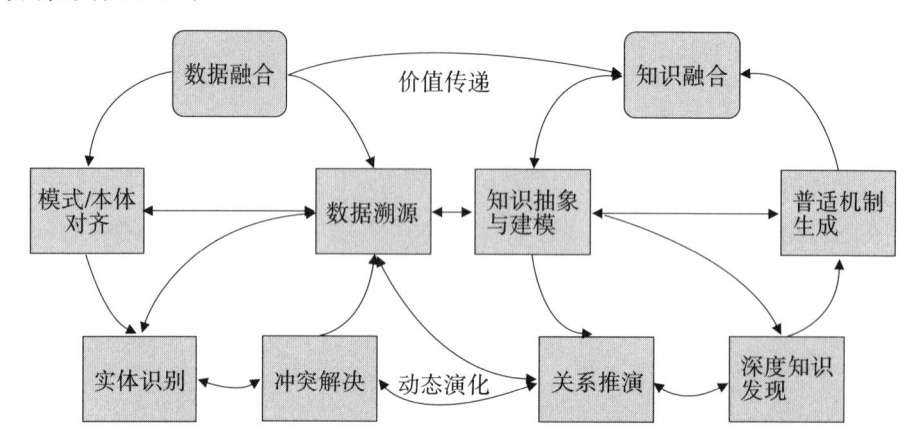

图 5-12　跨领域大数据融合研究思路

在学生全息智能评价系统各领域数据集上分别搭建卷积神经网络（CNN）深度学习模型，研究传统迁移学习的逐层微调（fine-tuning）方法，分析学生全息智能评价系统数据在特征层和决策层的调整变化和迁移特性；以此为基础，提出增强逐层微调（Advanced fine-tuning）梯度下降方法，在神经网络反向传播的梯度参数上加上元学习因子 a_n，使得神经传统的梯度下降学习具有可调性，具备模型在不同领域间的学习能力，如图 5-13 所示[1]。在此基础上利用元学习方法，将数据充分训练好的神经网络参数作为元参数初始量开始训练，在神经网络梯度下降过程中加上元学习因子 a_n 的影响，把不同领域迁移学习的步数和精度构成损失函数，采用多对领域相关数据集进行训练，从而得到领域间最具迁移学习能力的元学习方法，而参数 a_n 则表征了知识的迁移。

---

[1] 郭华锋,于萍,李志,等.人工神经网络在本科教学质量智能评价中的应用[J].教育教学论坛,2019(05)：213-215.

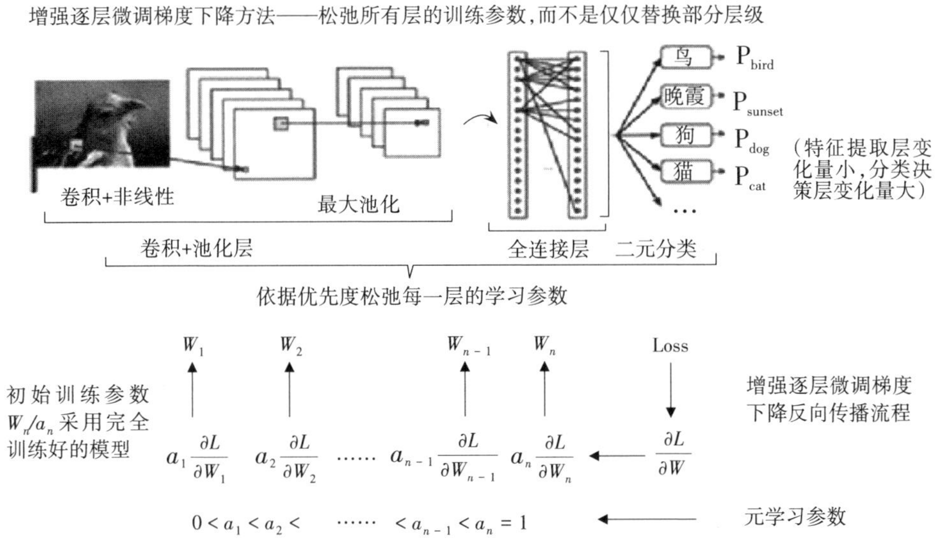
增强逐层微调梯度下降方法——松弛所有层的训练参数，而不是仅仅替换部分层级
鸟
晚霞
狗
猫
…
P_{bird}
P_{sunset}
P_{dog}
P_{cat}
（特征提取层变化量小，分类决策层变化量大）
卷积+非线性
最大池化
卷积+池化层
全连接层
二元分类
依据优先度松弛每一层的学习参数
W_1
W_2
W_{n-1}
W_n
Loss
初始训练参数 W_n/a_n 采用完全训练好的模型
增强逐层微调梯度下降反向传播流程
$a_1\frac{\partial L}{\partial W_1}$ $a_2\frac{\partial L}{\partial W_2}$ …… $a_{n-1}\frac{\partial L}{\partial W_{n-1}}$ $a_n\frac{\partial L}{\partial W_n}$
$\frac{\partial L}{\partial W}$
$0 < a_1 < a_2 <$ …… $< a_{n-1} < a_n = 1$
元学习参数

图5-13 基于增强逐层微调的梯度下降法

(3)智能评价技术

智能评价技术是在数据采集分类后，按照各类计算模型自动比较得出一定的结果。采用人工神经网络和遗传算法的人工智能技术不需要建立复杂的数学模型，具有强大的非线性信息处理能力，通过输入样本的学习探求数据的内在规律，建立输入输出之间的映射关系，易于建立评价模型，评价结果客观可靠。

针对传统评价忽略教学过程中学生的参与度、活跃度、师生互动、学生学习质量，存在不客观、不科学、不公平的问题，采用深度学习的智能技术原理，构建一个深度评价的平台体系，充分挖掘教学过程中学生的考勤、课堂纪律、学习态度、课堂参与度、活跃度、学习质量等海量信息，并依此科学、公正地开展学生评价。精准评价研究见图5-14。

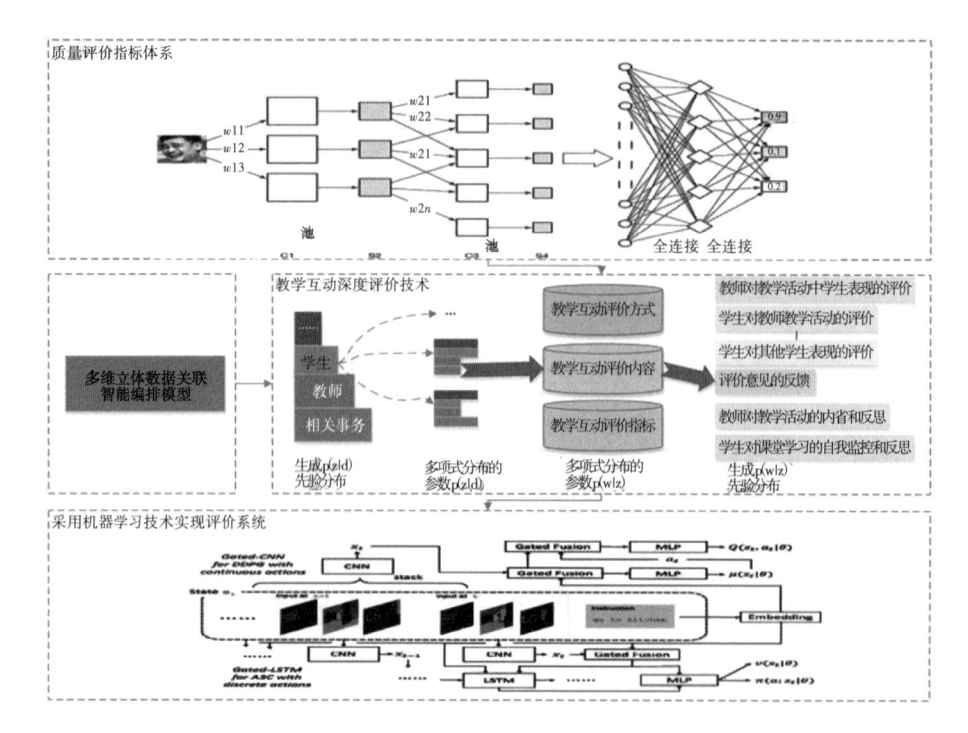

图 5-14 精准评价研究

(4)评估性分析技术

学生全息智能评价旨在根据采集到的有关学生课堂内外、正式学习环境和非正式学习环境、线下学习和线上学习等相关数据,通过汇集、清洗、建模分析,模拟投射出涵盖学生行为特征、思想品德、认知水平、心理健康、体质健康、艺术成就等方面的个性化、立体化、全方位学生个体数字信息画像以及学生群体智能画像。而如何从海量的数据中提取出有效的信息,主要用到以下方法:

①项目反应理论

项目反应理论是一种现代心理测量理论,广泛应用在心理和教育测量领域。该理论通过项目反应曲线综合各种项目分析的资料,使我们综合直观地看出项目难度、鉴别度等项目分析的特征,实现参与不同测评的学生之间的横向比较、同一学生成长过程中的纵向比较,对项目筛选和编制测验比较分数等起到指导作用,为精确地评估学生成长和发展奠定了基础。

如5-15图所示:用位置参数β来刻画难度。对某一道题而言,在基于项目反应理论拟合的项目特征曲线中,位置参数β正好对应着有50%的概率正确作答这道题目的答题者的能力,也就是项目特征曲线的中间点落在能力量尺上的位置;用区分度参数α来刻画区分度。对某一道题而言,在基于项目反应理论拟合的项目特征曲线中,区分度参数α正好为曲线拐点位置切线的斜率,反映了题目在拐点附近清楚地区分不同能力水平的学生的能力。

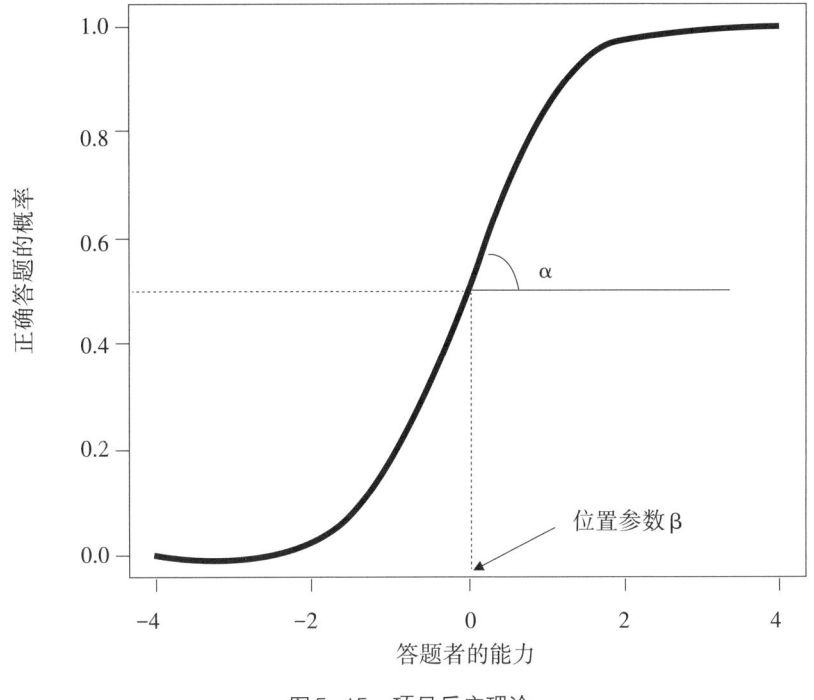

图5-15 项目反应理论

②描述性分析

要分析学生个体的成长,与之对应的是要看学生个体与所处的群体(班级、年级、学校、区县、省市、全国等)范围内总体的比较情况,而要分析群体的表现,则要使用频数分析、均值分析等描述性分析方法。对学生个体和群体信息进行描述性分析,才能更好地呈现学生个体数字信息画像,以及学生群体智能画像。

如表5-1所示：分析男女同学在某项测试中的分数的差异情况，可采用均值、标准差、最小值、最大值等来表示两者的具体数据，便于查看不同性别群体学生之间的差异。

表5-1 描述性分析表

性别	均值	N	标准差	最小值	最大值
女	65.35	40	11.504	40	83
男	65.86	49	13.954	30	92
总体值	65.63	89	12.842	30	92

③主成分和因子分析

主成分分析（PCA）是一种数据降维技巧，它能将大量相关变量转化为一组很少的不相关变量，这些无关变量称为主成分。例如，使用PCA可将30个相关（很可能冗余）的环境变量转化为5个无关的成分变量，并且尽可能地保留原始数据集的信息。相对而言，探索性因子分析（EFA）是一系列用来发现一组变量的潜在结构的方法。它通过寻找一组更小的、潜在的或隐藏的结构来解释已观测到的、显式的变量间的关系。（见图5-16）例如，Harman74.cor包含了24个心理测验间的相互关系，受试对象为145个七年级或八年级的学生。假使应用EFA来探索该数据，结果表明276个测验间的相互关系可用四个学生能力的潜在因子（语言能力、反应速度、推理能力和记忆能力）来进行解释。

(a)主成分分析模型　　(b)因子分析模型

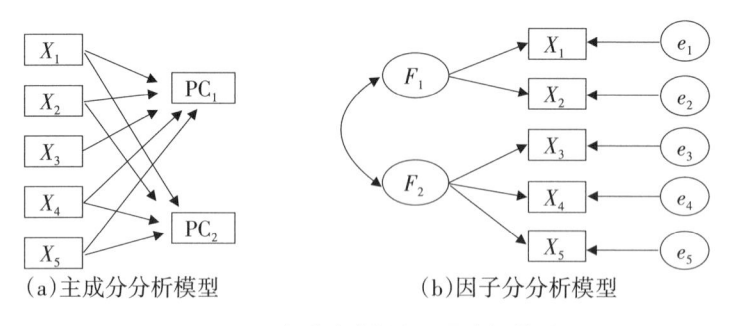

图5-16 主成分分析和因子分析模型

④聚类分析

聚类分析指将物理或抽象对象的集合分组为由类似的对象组成的多个类的分析过程。聚类分析的目标就是在相似的基础上收集数据来分类。聚类源于很多领域,包括数学、计算机科学、统计学、生物学和经济学。在不同的应用领域,很多聚类技术都得到了发展,这些技术方法被用于描述数据,衡量不同数据源间的相似性,以及把数据源分类到不同的簇中。比如依据对学生成绩、学习习惯、态度等指标,采取聚类分析,可以对学生进行分类。

(5)预测性分析技术

预测(Prediction)是指通过对在线教育数据的分析得到关于某个变量的模型,从而对该变量的未来走势进行预测,如对学习者行为的预测、对学习数据的预测等。目前常用的学习预测手段包括分类、回归、潜在的知识评估等。

①回归模型

数理统计中的回归分析,包含线性回归和非线性回归,可以用来确定两种或两种以上变量间相互依赖的定量关系。一方面,我们可以通过线性回归来探索教育教学规律,如学生学习习惯、教师教学方法对学生学业成就的影响,也可以通过回归分析,建立预测模型,通过学生前测成绩、学习习惯、学习态度等因素预测学生下一次考试成绩。教育评价中最常用到的一元线性回归模型画成图形一般用散点图拟合出一条直线表示。(见图5-17)

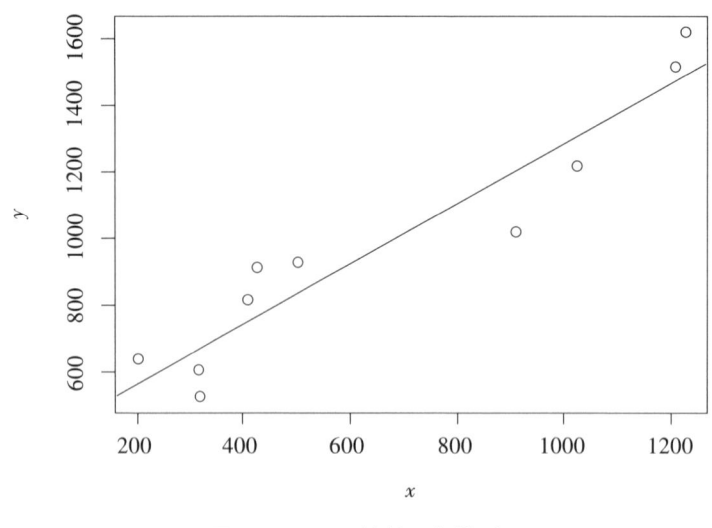

图 5-17　一元线性回归模型

②逻辑回归

逻辑回归是线性回归的变形,当因变量为只有两个取值的是否型、自变量为分类或连续型数据时可以使用逻辑回归构造回归方程来对因变量取值的概率进行预测,如在招生数据中,可以使用高考分数、专业、层次等因素来预测新生的报到情况。逻辑回归与线性回归类似,区别为线性回归方程左边直接为数值型的因变量。

③列联表分析

当自变量和因变量都是分类变量时,可以使用列联表分析两个变量之间的相关性,如在招生中判断性别或民族等是否对专业录取有影响则可使用列联表进行分析判断。在列联表分析中,将自变量放入行、因变量放入列,行列交叉的位置则计算自变量当前分类值与因变量当前分类值出现的次数(或百分比),最后通过计算单元格期望频数和卡方值来判断两个分类变量之间是否存在相关性。

④时间序列

时间序列分析一般是针对连续数值型数据,分析这些数据随着时间变化的规律,并根据这些变化规律对未来的发展进行预测,如在招生工作中,可以利用历年的招生录取的人数,采用时间序列建立模型来预测未来的招生人数。

(6)探索性分析技术

①差异检验模型

当自变量是分类数据(如学生性别、年龄段等)、因变量是连续数值型数据(学生成绩、学生幸福感指数)时,使用 T 检验、方差分析来判断自变量的不同水平是否对因变量有显著影响,如不同性别、不同年龄、不同班级的学生成绩是否有显著差异,不同学习时间、不同焦虑水平对学生的成绩是否会造成显著影响等。如图5-18,表示某班男女生课外阅读时间和语文成绩的关系。

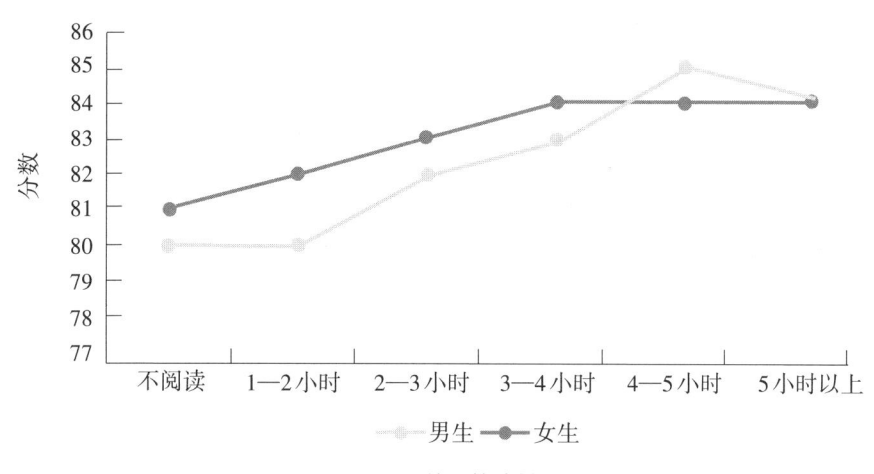

图 5-18 差异检验模型

②结构方程模型

结构方程模型(SEM,Structural Equation Modeling)是建立在回归模型的基础上,针对潜变量的统计方法,主要用于解决社会科学研究中的多变量问题,用来探索复杂的多变量数据之间的关系。与传统的回归分析不同,结构方程分析能同时处理多个因变量,并可比较及评价不同的理论模型。与传统的探索性因子分析不同,在结构方程模型中,可以通过提出一个特定的因子结构,检验它是否吻合数据。通过结构方程多组分析,我们可以了解不同组别内各变量的关系是否保持不变,各因子的均值是否有显著差异,如图5-19中A、B、C构成一个模型,A、B、C均为潜变量,且A和B是C的自变量,C是因变量,此模型可用于检验A、B、C三个变量之间的关系。

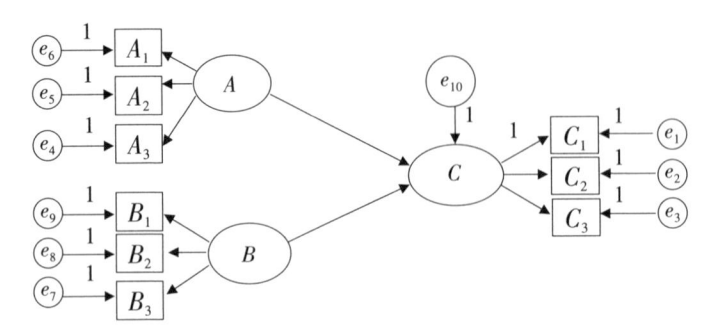

图5-19 结构方程模型图

③潜在类别分析模型

潜在类别分析模型是通过统计分析方法将无法直接测量的潜变量估计出来,与因子分析类似,但因子分析处理的是连续变量,潜在类别分析处理的是类别变量。潜在类别分析把类别数据与潜变量的观念结合起来,提高了类别变量的分析价值,也使得研究者可以一窥潜在类别背后的实证意义。图5-20是通过潜在类别分析方法将7个变量Y_i处理成了2个潜在类别变量C_1和C_2。

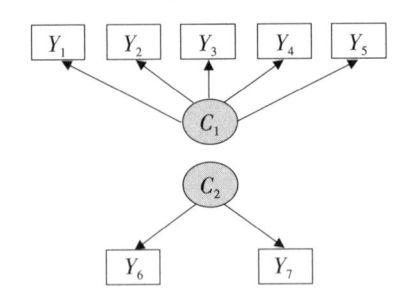

图5-20 潜在类别分析示例

④多层线性模型

教育评价获取的数据往往具有层次结构的特点,或者称为嵌套结构,例如关于学业成绩影响因素的研究中,获取的变量包括学生的入学成绩、学生性别、学生的社会经济地位、班额、班风等,这些变量中有的是学生个体层面的变量,如学生的入学成绩、学生性别、学生的社会经济地位;有的是班级层面的变量,如班额、班风。这样的数据具有两个水平,第一水平是学生,第二水平是班级,学生嵌套于班级之中,称之为分层数据。对于存在层次结构的数据,需要使用多层线性模型(图5-21)。多层线性模型同时考虑到不同水平的变异,它不仅在模型的假设上与实际情况更加吻合,更重要的是由这种方法得到的结果能更合理、正确地揭示事物之间的真正关系。

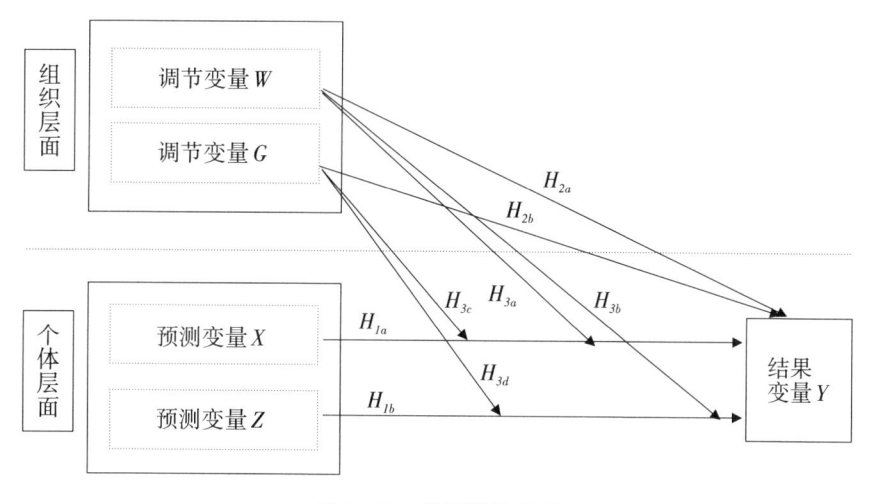

图5-21 多层线性模型

5. 数据呈现技术

数据可视化技术是最佳的学生数据结果呈现方式。数据可视化技术通过表达、建模,以及对立体、表面、属性、动画的显示,对数据加以可视化解释。其基本思想是将数据库中每一个数据项作为单个图元元素表示,大量的数据集构成数据图像,同时将数据的各个属性值以多维数据的形式表示,可以从不同的维度观察数据,从而对数据进行更深入的观察和分析。给人们提供一个直觉的、交互的和反应灵敏的可视化环境。

学生数据可视化,是通过贝叶斯理论和遗传算法等AI技术进行数学建模,形成学生及学生群体画像,用数字化方式展现"课前"、"课中"到"课后"过程中的上千个教学典型性采集点,全面地、立体地展现学生情况。可视化技术具有交互性、多维性、可视性特征。学生、家长、教师或其他管理者能方便地以交互的方式管理和开发数据,同时基于学生数据多属性的特征,数据还能按每一维的值分类、排序、组合和显示。此外,使用者还能根据自身需求,有选择性地使用图像、曲线、二维图形、三维体和动画来显示相互关系。

6. 数据反馈技术

数据反馈技术(图5-22)主要依托于人工智能技术的发展。人工智能技术的发展及突破,促进了对未来人的全息智能评价,促进了数据反馈技术的革新。

当前,引入人工智能与在线系统,人为数据通过神经网络处理后,直接转换成为语音、电子邮件、图表等多种形式反馈给教育管理者、教师、家长和学生的技术已经成熟。内容反馈、协同过滤反馈、关联规则的反馈、效用反馈和知识反馈技术在不同领域正在大力引用。针对学生全息智能评价,最有价值的是组合反馈技术。它采取内容反馈和协同过滤反馈相结合的方式,通过加权、变换、混合、特征组合、层叠、特征扩充、元级别的方式生成某一预测结果,然后用某方法组合其结果。

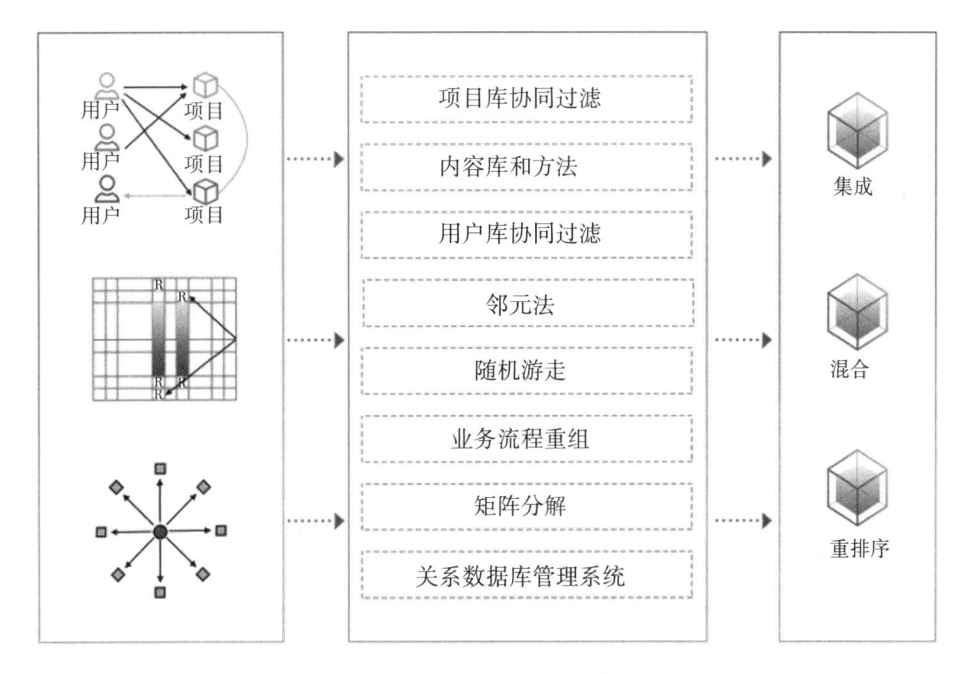

图 5-22 学生全息智能反馈原理

比如,人工智能可以为学生提供及时反馈,当发现很多学生向系统提交错误的家庭作业答案时,系统会向教师发出警报,并为学生提供定制的消息,提供正确答案的提示。这种系统可对学生学业表现、学习方法等及时反馈,根据学生的个性化差异表现,推送有针对性的个性培养方案,促进因材施教;此外,人工智能还可根据学校招生标准和用人单位需求,自动筛选、匹配合适人选。教育人工智能重在通过人工智能技术,更深入、更微观地窥视、理解学习是如何发生的,是如何受到外界各种因素(如:社会经济地位、物质环境、科学技术等)的影响的,进而为学生的高效学习创造条件。

三、实现路径

学生全息智能评价技术以"现代测评技术+数据分析与挖掘技术+数据呈现技术+数据反馈技术+数据存储与保障技术"为主,依托数据采集平台、数据清理和分析平台、个性化预警推荐平台以及评价结果反馈平台,围绕学生的基本信息、综合素质、学业能力、体质健康、艺术成就等多特征,实现对学生综合、全面、客观、精准的评价。

(一)信息采集全息化

1. 从多元主体中获取数据

评价主体有多个不同的类别,包括教师、学生、家长或其他。由于各评价主体价值观点不同,关注角度不同,多元主体参与将使评价数据更客观,更能反映学生的真实情况。在多元评价主体参与的情况下,使用智能化评价手段,所获取到的学生数据具有客观性和准确性。

利用现代测评技术,依托数据采集平台,通过多终端设备对学生、教师、家长等群体的学习、生活、教学及生物数据进行规模化的采集,能实现采集一个学生的数据,得到多方主体数据印证支撑,保证学生数据的科学性。

比如,为了解学生的生活习惯,该学生的家长、教师、同学甚至是其经常使用的某一个物件,都可以作为评价主体,使用成熟的心理量表、肌电生物反馈仪或者传感器实现快速获取该学生的数据。

2. 实时获取学生数据

实时获取学生数据指学生数据获取的常态化,时刻获取学生数据。这意味着,学生数据的收集将有别于传统的日常行为观察、诊断性评价、形成性评价和终结性评价。学生的学习情况,在日常学习过程中,就能被获取。学生的身体状况,能做到实时记录。

利用现代测评技术,依托于数据采集平台,教师能实时了解学生的学习、心理和身体状况。比如,在作业方面,系统将实时记录学生每次做作业情况、教师每次作业批阅情况,并实时生成该学生某阶段的学习情况报告,做到对学生学业的动态监测。

3.全方位获取学生数据

学生数据包括基本信息、行为特征、思想品德、认知水平、性格爱好、艺术成就等大量的数据,依托数据采集平台,现代测量技术将作用于学生全方位的成长路线,获取学生的海量数据。通过体质测评可了解学生的体育锻炼、身体素质等状况;通过脑科学与认知技术,可了解学生大脑的状态;通过可穿戴设备、先进医学科技设备可获取学生行为的活动方式、活动能力等机能数据;通过传感器和人工智能技术,能实现对情绪特征的实时评价。

依托于数据采集平台,使用现代测评技术对学生进行多主体、多形式、多内容的大数据采集,能保证所获取的学生数据的科学性和全面性。

(二)数据存储快速化

1.快速存储数据

依托学生信息大数据库,学生数据以某种格式记录在计算机内部或外部存储媒介上,通过测量技术所获取的所有学生数据,将会以某种格式记录在计算机内部或外部存储媒介上。利用数据存储技术可以将学生的所有的信息整合到一起,只占据单一的存储空间,具有存储效率高、存储空间利用率高的特征,便于学生大数据快速存储和提取。

2.精确预处理数据

数据预处理过程是从大量的原始数据抽取出有价值的信息,将数据转换成有用信息的过程。主要对所输入的各种形式的数据进行加工整理,其过程包含对数据的收集、存储、加工、分类、归并、计算、排序、转换、检索和传播的演变与推导全过程。运用教育大数据处理技术,对所采集的学生数据、影响学生发展的相关因素数据进行数据处理,使获取的学生数据格式标准化,纠正错误的数据,剔除异常数据,清除重复数据,识别多个数据源,将多个数据源中的数据结合起来并统一存储,并通过平滑聚集、数据概化、规范化等方式将数据转换成适用于数据挖掘的形式。

依托学生信息大数据库,利用数据存储技术对学生数据进行快速存储和预处理,能为后续的数据分析奠定扎实的基础,能保障学生数据的完整性和有效性。

(三)信息处理精准化

在云计算中心的基础上,各区域学生数据得到充分整合和汇总,依托数据清理和分析平台,充分利用数据挖掘技术,用适当的统计分析方法对收集来的学生海量数据进行分析,并加以汇总和理解并消化,以求最大化地开发数据的功能,发挥数据作用。学生的行为特征、思想品德、认知水平、心理健康、体质健康、艺术成就等方面的数据可通过数据分析与挖掘技术进行深入细致的分析,从而了解学生的学习习惯、学习兴趣、学习特点等隐藏的性质。

依托数据清理和分析平台,利用数据挖掘技术,能深度挖掘学生隐藏的特质,能精准预测学生的发展趋势和潜力。

(四)评价结果可视化

1.评价结果可视化

依托个性化推荐预警平台,借助于图形化手段,可将经过评价分析后的学生各方面的数据清晰有效地表达出来。丰富的图可以通过位置、长度、角度、方向、形状、面基、体积、饱和度、色调等,利用视觉暗示,达到聚焦视线表达图标含义的效果。图形类型将不再局限于饼图、条形图和折线图这些基本的数据图形,还包括热图和树图、数据地图、散点图和其他特殊用途的图,更直观地表达学生学科兴趣、性格爱好、艺术特征、身体锻炼情况等信息,能鲜明地解释学生数据背后的现象。(图5-23)

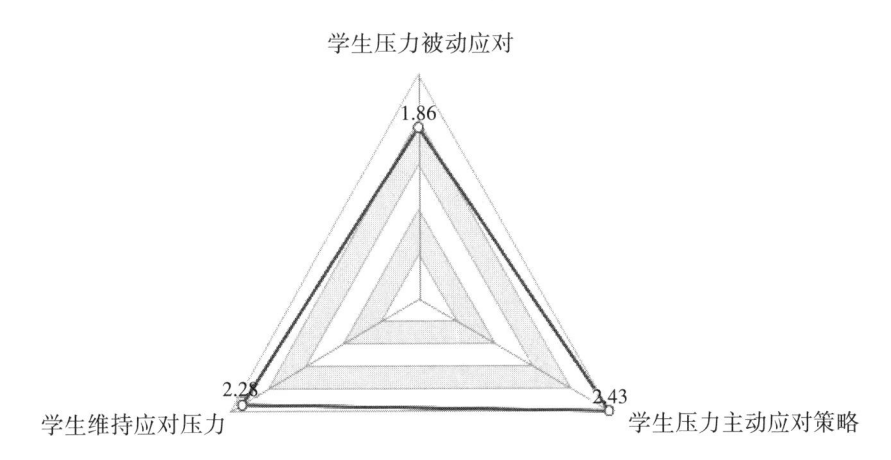

图5-23 全息智能评价学生压力应对方式评价结果例图

2.发展优势可视化

学生的优势和劣势也将通过可视化图表直观地表现出来(图5-24),可了解学生群体的综合素质总体情况,德育、智育、体育锻炼、美术、劳动教育等中最有发展潜力的方向,也可了解到学生体育锻炼、心理健康、气质类型的发展情况。直观鲜明的可视化优势将有助于发现学生群体的优势和短板,有利于促进学生全面发展。

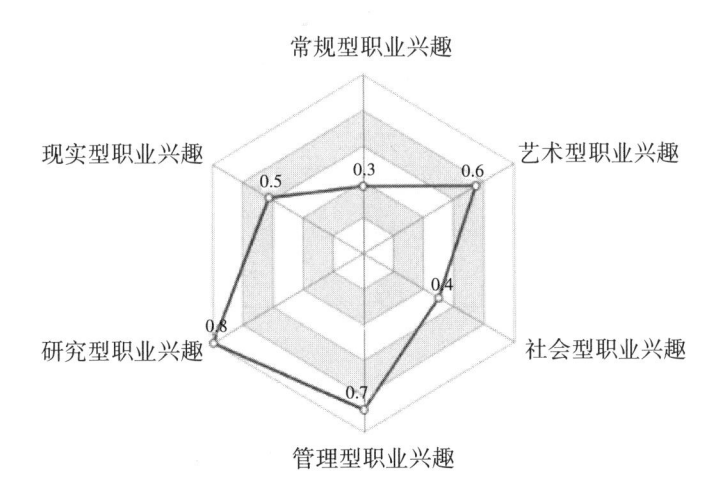

图5-24 全息智能评价学生职业兴趣评价结果例图

3. 发展过程可视化

依托个性化推荐预警平台,学生各方面每时每刻的庞大数据都可以得到有效利用,能随时以图形或图像等形式显示(图5-25)。学生的发展情况将直接生动地出现在电脑、手机或者其他设备中,使用者可直观地观察到学生发展的规律。

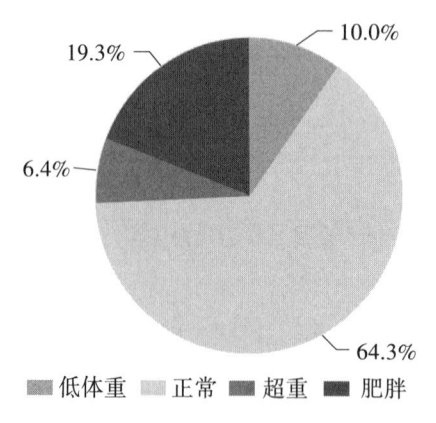

图5-25 全息智能评价学生身体形态评价结果例图

4. 发展结果可视化

依据质量监测模型和对应的理论,预测学生某方面的结果模型,并通过图形或图像展示出来(图5-26)。对学生的行为特征、思想品德、认知水平、心理健康、体质健康、艺术成就等方面能起到更好的预测作用。

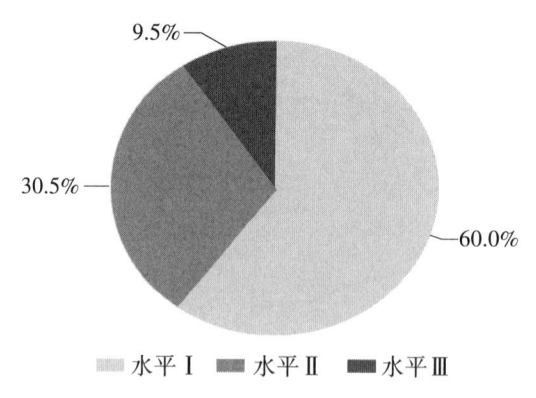

图5-26 全息智能评价学生抑郁倾向评价结果例图

依托个性化推荐预警平台,利用数据呈现技术能用图形或图像的方式直观可视化地显示出学生的评价结果、发展优势、发展过程、发展结果。

(五)评价应用全面化

依托评价结果反馈平台,利用数据反馈技术可以实时地、自动地向不同类型的使用者提供相应的评价数据,其中主要包括学生发展预测的推送、学生评估结果推送、学生发展建议推送、学生问题诊断推送等。学生可以根据问题诊断和发展建议改正现存问题,制订下一步的学习和生活计划;学校、教师和家长可以通过评估结果和发展预测制订学生未来的学业和职业规划;用人单位也可通过学生信息的评价反馈,全过程全方面地了解学生,规划用人需求。

第六章

组织管理

　　加强学生全息智能评价实施设计,明确面向"2035"的学生评价策略,需要结合现有招生考试制度及基础,制定学生全息智能评价制度体系、评价实施细则;在全面策划基础上,开展学生全息智能评价工作实践,做好学生全息智能评价保障。在这之中,最为重要的是要建立专业运行团队,建设学生全息智能评价平台并做好运行管理;要利用先进的技术手段,充分研判学生全息智能评价实施过程中的各种风险,做好相关风险管控工作。

一、评价实施

(一)构建学生全息智能评价制度体系

　　建立学生全息智能评价制度体系,首先,必须在该评价制度中明确评价机构开展学生全息智能评价的资质;在具体实施学生全息智能评价工作之前,审核、发布学生全息智能评价办法,形成标准发布制度。其次,要建立评价过程督导制度,无论谁具体负责开展学生全息智能评价,都必须按照实施的核心流程推进,严格认定参与评价的相关专家资格,引入纪检监察部门人员参与评价工作,监督评价的规范性、公平公正性。同时,还需要制定指导评价机构开展评价保障条件建设方面的制度,明确评价工作的具体保障条件内容,特别是信息化保障条件的建设内容。

就全国或省市而言,需要及时建立大规模实施学生全息智能评价相关制度,通过"互联网+"模式,建立一个自上而下的组织实施制度机制,全方位掌握各区域实施学生全息智能评价各项工作的实际情况。

1. 建立资格管理考核制度

制定学生全息智能评价资格框架,明确开展学生全息智能评价机构资质要求,加强学生全息智能评价机构管理监督,定期进行资格审查、评价考核,做到进入退出有理有序。进一步搭建学生全息智能评价机构资格管理制度,明确确定评价机构资格有效期限及延续期限的基本程序,发生异常情况的处理规定等等。

2. 建立过程监控制度机制

教育行政主管部门要针对学生全息智能评价工作的基本流程和关键环节,建立评价业务工作的监督制度和机制,明确不同阶段的学生全息智能评价工作的监控重点,这个监控制度力求做到全员、全程和全方位监控。

3. 构建评价质量保证制度

借鉴上海、江苏、重庆等省市经验,进一步推进"管办评"分离的教育管理和评价体系,理清教育行政管理部门、评价机构、科研院所、行业企业、学校等利益相关者在评价中的责权利;同时,理清不同类型学生全息智能评价不同阶段的业务保障内容,形成内外结合的学生全息智能评价保障制度。

4. 形成评价报告发布制度

持续发挥教育评价的价值和作用,应建立完善的学生全息智能评价结果报告制度。[1]在制度体系顶层设计中,要充分考虑和明确学生全息智能评价结果发布的法律主体、内容、范围、时间、方式方法,做到依法发布、定期发布。

---

[1] 李勉,刘春晖.国家义务教育质量监测:素质教育实施的制度突破口[J].中国教育学刊,2016(12):19-22,28.

我国在不同教育类型中形成了教育质量年度报告制度,但是,就目前实施的效果来看,质量年度报告制度的运行机制并不通畅,离社会的高期望相去甚远。如果国家和各个省市层面无法刚性制定和落实、落细学生全息智能评价结果报告制度,那么将直接影响教育综合改革、发展水平,延缓现代教育体系实现的步伐。

5.形成评价结果使用制度

学生全息智能评价结果是教育质量评价工作的最终成果和落脚点。评价制度的科学设计与实施,最终目的都是达到科学、便捷、高效、公正、公平地开展教育质量评价,得出准确无误的质量评价结果。但是,如果评价结果无法得到运用,那么通过运行公共资源,耗费大量的人力、物力、财力才建立起来的质量评价制度体系和若干评价专家的心血将付诸东流,这对现代教育体系建设毫无益处。

所以,建立学生全息智能评价结果使用制度,明确评价结果的使用范围、路径和方式将显得尤为重要。总体而言,需要建立一种学生全息智能评价结果全方位、链条式使用制度,直接将评价结果用于不同类型学校设置资格、财政拨款、项目申报、各类奖罚等方面。应当突出激励式的评价结果使用制度,以调动广大学校办学积极性和主动性。

对于各级教育主管部门而言,应在评价结果使用制度中结合自身行政职能改革现状和方向,充分利用学生全息智能评价结果,提高教育管理和科学决策水平;各级教育相关机构应充分利用学生全息智能评价结果,进一步加强管理,改进工作,提高教育教学质量;加强学生全息智能评价结果的宣传,发挥正确的舆论导向作用,避免高利害性带来的负面效应。

(二)制定学生全息智能评价实施细则

1.研制评价机构管理考核办法

加强适应现代教育治理体系的学生全息智能评价机构建设,强化评价机构促进学生"德智体美劳"等综合素质提升的作用,必须定期对评价机构进行管理考核。

树立分类构建的理念,针对不同类型的机构构建与之相应的评价细则,其中,针对企业法人性质的评价机构,不仅要关注企业内审外审的基本条件,还需要依据评价业务工作的特殊性,增加评价工作开展方面的管理考核指标;针对非企业法人性质的评价机构,需要结合其主管部门的具体管理考核办法,综合学生全息智能评价工作的特殊要求,形成系统的管理考核办法。

通过分类构建不同评价机构的管理考核办法,进一步明确人员职责、岗位待遇、部门和人员的考核要求,从而进一步提升评价机构参与学生全息智能评价的管理水平和业务水平。

2.学生全息智能评价专家遴选认定细则

采取共性条件加分类条件相结合的方式制定评价专家遴选细则。其中,共性条件上需要明确遴选的评价专家的年龄、学历、职称和参与评价工作的基本经历等条件。其应具备系统的教育理论知识,熟悉教育方针和政策,了解教育规律,具有丰富的教育管理或教学实践经验。评价专家应掌握学生素质评价的基本技术,能熟练运用计算机;对待评价工作认真负责,公正廉洁,工作中坚持组织性、纪律性、原则性。

在分类条件上,综合管理类中教育行政管理部门的评价专家,应要求其必须从事教育行政管理工作或学校教学管理工作5年以上,具有一定的行政管理经验和组织领导水平,在本单位有良好的声誉和威望。综合管理类科研院所方面的专家,需要从事教育研究5年以上,具备高级专业技术职称(含高级技师),在本领域有较深的造诣,具有一定的知名度和权威性。同时,要了解市内外教育发展现状和发展方向,熟悉社会经济、产业行业对教育发展的基本需求。综合管理类中院校的专家,应从事教育行政管理工作或学校教学管理工作5年以上,具有一定的行政管理经验和组织领导水平,在本单位有良好的声誉和威望。教育研究类的专家,应要求从事教育研究10年以上,具备高级专业技术职称,在本领域有较深的造诣,具有一定的知名度和权威性。

针对职业教育特殊性,专业类中专业技术方面的专家需要从事农林牧渔、资源环境、能源与新能源等专业类教育教学工作并具备相应的高级专业技术职称。熟悉市内外行业、企业对本专业技能操作的要求。在本领域有较深的造诣,具有一定的知名度和权威性。而专业类中行业企业的专家需要具有教育教学、培训、讲座和相关业务工作经历,熟悉相关专业岗位能力要求。

3.构建学生全息智能评价国家规范

教育质量是指教育水平高低和效果优劣的程度,最终体现在培养对象的质量上。衡量的标准是教育目的和各级各类学校的培养目标达成的程度。前者规定受培养者的一般质量要求,亦是教育的根本质量要求;后者规定受培养者的具体质量要求,是衡量人才是否合格的质量规格。[1]目前,国家由于缺少统一的学生质量常模,所以只能从局部质量指标上对学生综合素质情况进行评判,学生发展质量的整体性数据说服力不强。

建立国家层面的学生全息智能评价质量规范,一方面可以通过各个省市按照人才培养目标开发学生全息智能评价工具,通过实施大规模评价实践,形成各个省市地区的学生发展质量常模,然后再进一步合成区域层面的质量常模,最后形成国家层面的质量常模;另一方面,教育部可以从国家层面直接按照人才培养目标,以年龄或专业等为评价维度,研发国家层面的学

---

[1] 顾明远.教育大辞典[M].上海:上海教育出版社,1998:29.

生全息智能评价工具,直接开展国家层面学生全息智能评价工作,建立国家层面的质量常模,从而构建起学生全息智能评价国家规范。

4. 制定学生全息智能评价督导细则

教育部为贯彻落实《中华人民共和国教育法》和《国家中长期教育改革和发展规划纲要(2010—2020年)》,全面推进教育综合改革创新,出台了《关于深化新时代教育督导体制机制改革的意见》,明确指出,"要完善学校督导政策,对学校开展经常性督导,引导学校办出特色、办出水平,促进学生德智体美劳全面发展。大力强化信息技术手段应用,充分利用互联网、大数据、云计算等开展督导评估监测工作。"[1]

教育发展督导要坚持导向性、发展性、科学性与可行性相结合的原则,运用现代教育管理和评价的理论、方法,全面统筹教育的长远发展和近期建设重点,发挥教育督导监督、导向、激励、调控功能,保障教育发展目标的实现。[2]教育督导评估办法从宏观层面上规定了地方政府在履行教育发展职责中的政策制度、经费投入、办学条件和发展水平等方面的要求,让各省市明确了自身在发展教育方面的基本责任。所以,在此基础上制定学生全息智能评价督导细则将有益于国家严把教育出口关,保障教育质量和教育目标实现。

5. 形成学生全息智能评价结果发布细则

制定学生全息智能评价结果发布细则,分类分层规定发布规范,明确评价结果发布的时间、场地、软件、硬件等相关条件要求,以从"产出结果"把控学生全息智能评价工作的质量水平。

---

1 中华人民共和国教育部.《关于深化新时代教育督导体制机制改革的意见》[EB/OL].(2020-02-19)[2020-11-19]. http://www.gov.cn/zhengce/2020-02/19/content_5480977.htm.
2 中华人民共和国教育部.关于印发《中等职业教育督导评估办法》的通知[EB/OL].(2011-12-30)[2020-11-19].http://www.moe.gov.cn/srcsite/A11/moe_764/201112/t20111230_131750.html

(三)开展学生全息智能评价探索实践

1. 完善学生全息智能评价专门机构

世界各国开展教育质量评价的组织机构模式主要有三种：一是组建专职机构或专门委员会,这些机构独立于教育行政部门,直接向国会或总理报告；二是由政府机构以项目的形式委托大学或研究机构来进行；三是由教育部的相关职能部门,如教育督导部门、教育评估中心等直接负责。我国教育质量评价采用的是第三种模式,由教育督导部门全面负责教育质量评价领导管理工作,同时,基于教育质量评价与监测的技术性要求,成立了相对独立的科研机构,即教育督导局、教育评估中心、教育质量监测中心,具体负责业务性工作。

省域教育质量评价与监测组织机构模式基本上沿袭了我国的国家模式,由省级教育督导部门全面负责区域教育质量评价与监测管理工作,市级教育行政部门的教育研究室、质量监测中心承担教育质量监测具体的技术服务工作。但也有部分省市,如江苏、上海、重庆等在贯彻落实教育"管办评"分离过程中,成立了省级教育评估院来牵头负责教育质量评价与监测事务。

基于学生全息智能特殊性,进一步明确教育考试院负责"入口"、教育科学研究院负责培养研究、教育评估院负责"出口"的关系和职责,国家和省市应该推进现有教育行政管理体制改革,坚持推进教育"管办评"分离,重塑教育评估管理机构、组织实施机构和监督机构的运行机制。

完善教育内部相关的管理机制和工作机制。教育质量评价尤其是学生全息智能评价具有一定的公益性和政府导向性,在这种情况下,政策保障机制尤为重要。政策保障机制在领导、执行、协调、督导、监督、经费投入等方面予以明确的规定,有效减少了教育质量评价、学生全息智能评价中的多头领导、空头领导、职能不清、权责不明、经费欠缺等难题。学生全息智能评价具有很强的专业性,技术要求高,要确保评价工作的科学性,必须构建国家专家委员会制度,对基础现状、数据采集、数据分析等核心技术和技术标准进行论证,确保评价过程的科学性、结果的有效性。[1]

同时,需要规范工商、民政等注册的教育评价机构资质管理,提升学生全息智能评价相关参与机构的专业性和评价工作的规范性。

2.培育学生全息智能评价团队和科研力量

开展学生全息智能评价工作,需要政府部门、教育行政部门、教育科研部门、院校、行业企业、评估机构的协调配合。学生全息智能评价是政府开展人才培养工作的重要组成部分之一,政府部门领导作为领导小组成员加入评价队伍体系是非常关键的,能够保证学生全息智能评价长期有效开展。教育管理部门是推进学生全息智能评价的直接权力机构,对评价工作具有管理监督、统筹协调、规划设计等职能,教育管理部门人员的加入对保障教育质量评价工作的有序性、规范性具有重要意义。值得注意的是,政府部门、教育行政部门在评价中的主要职能是宏观管理和政策支持,而不是大操大办或越俎代庖,那样势必对学生全息智能评价产生很多不良影响,"到位不越位"是对教育行政管理人员的基本要求。

同时,学生全息智能评价工作又是一项技术含量高的工作,它涉及教育学、心理学、教育测量学、教育评价学、教育统计学、课程论、学科教育学、教育心理学、教育技术学、教育经济学、教育管理、大数据、人工智能、云计算、物联网技术等多个领域,因此,开展学生全息智能评价需要高等院校、教育科研机构、中小学校、行业企业等不同领域、不同学科专业背景的招生评价专家加入,形成一个学科互补、专业互补、技术互补、优势互补、密切合作的团队,这样才能保证学生全息智能评价工作的科学性。

对于全国及大部分省市来讲,学生全息智能评价方面的专业技术人才是非常缺乏的。对大部分省域来讲,开展专业性评价工作时间较短,本土的

---

[1] 周家荣.基础教育质量监测的基本框架[J].上海教育评估研究,2015,4(01):11-15.

技术人员非常不足,更不用说学生全息智能评价专家了,这在很大程度上制约了评价工作深入开展。[1]为了保证学生全息智能评价工作的顺利开展,必须倡导各级各类评估机构构建本土的学生全息智能评价专业技术队伍,承担学生全息智能评价工具开发、组织实施、数据分析、结果反馈、业务指导等任务。

推进"管办评"分离、促进政府职能转变是当前教育发展改革的一个重要方向,在这个背景下,培育、支持专业机构和社会组织规范开展学生全息智能评价成了一项重要任务。我国学生全息智能评价工作立足前沿技术终端,在短时间加强对第三方评价机构的培育、提高评价工作的专业性成为一项紧迫任务。因此,既要充分借鉴国际大型评价项目的先进经验,确保评价技术方法的科学、专业,也要充分考虑我国的现实国情,在各项研究过程中加快跨领域性的本土化创新。同时,要加强学生全息智能评价科研团队与政府、学校的沟通和合作,促使学生全息智能评价对教育实践中的热点、难点问题进行有效回应,并实现评价从理论到实践、从专业到政策的成果转化,为政府的教育决策和学校教育教学改进提供有力的支撑。[2]

3.加快学生全息智能评价细则制定和工具研发

细则制定和工具研发是教育质量评价的核心工作,也是学生全息智能评价最关键的环节,学生全息智能评价的科学性、有效性,在很大程度上取决于测评工具的开发。如TIMSS国际学生测评项目,就将细则制定和工具研发视为教育质量评价工作的核心内容。

各级各类评价机构在借鉴参考相关国家教育质量评价实施细则制定和工具研发经验基础上,在保证评价工具水准的前提下,可以结合自己实际情况,开展学生全息智能评价细则和工具研究并对其进行最基本的信度效度

---

[1] 周家荣.基础教育质量监测的基本框架[J].上海教育评估研究,2015,4(01):11-15.
[2] 李勉,刘春晖.国家义务教育质量监测:素质教育实施的制度突破口[J].中国教育学刊,2016(12):19-22,28.

检验。这样才能确保工具的科学性、有效性、权威性。在研制过程中，要借助现代教育评价理论、技术对实施细则和工具进行修正完善。

4. 优化学生全息智能评价基本流程设计

开展学生全息智能评价，一是要构建大型评价数据分析平台。与国内外大数据机构合作，共同开展学生全息智能评价数据采集分析，将全部评价数据提交分析平台，通过数据分析平台将所有的数据以最直观的图表形式可视化出来。二是构建形式多样的数据展示平台。用图文并茂的形式，直观易懂地向院校、社会公众和行业企业展示教育质量各项指标，提升社会公众和利益相关者对教育的关注度、利用度。三是要形成一套评价工作的一般程序，明确评价工作安排的全过程，全局把握、突出工作重点。

按照依法委托，依法实施的原则，学生全息智能评价工作需要建立一种委托与被委托的关系，教育管理部门、教育举办者需要通过购买服务的方式与评价实施机构签订委托评价协议，双方协商一致，明确约定各自的责权利，约束双方在评价工作过程中的各种权利和行为。

5. 定期发布学生全息智能评价报告

一是明确报告发布对象。学生全息智能评价报告运用广泛、内容丰富。从运用主体范围上来讲，涉及教育部门、院校、学科、专业、教师、课程教学、社会、家长、学生等等。从内容呈现角度讲，涵盖学历教育学生阅读能力、数理逻辑能力、信息处理能力、心理健康状况、公民素养质量评价；影响评价对象的素养发展的相关因素分析；专业技能；在职业教育领域甚至包括就业发展指标，如一次性就业率、对口就业率、就业稳定率、生涯发展状况等等。所以，必须明确学生全息智能评价报告发布的方式、内容、范围、对象。

二是规定报告发布时间。规定每年学生全息智能评价报告定期发布时间，学生全息智能评价报告必须在几个工作日递交相关管理部门，管理部门应在几个工作日内向评价机构反馈审核结果，并向一定范围进行特定内容公布和运用。

三是拟定报告发布内容。学生全息智能评价报告发布的内容应包括个体或群体评价的特定时间、地点、性质、目的、对象与范围、依据、原则、基准日、评价方法和有关定量指标的算法、内容、过程、结果(主要成绩、存在问题和基本结论)、特别事项说明及相关附录。

四是选择报告发布方式。可以根据学生全息智能报告的范围和对象的不同,有针对性地选择报告发布的方式。报告发布的方式建议通过电视、网络、短信、微博、纸质公告、信函等多种媒体和方式进行。

6.强化质量评价结果使用和宣传普及

科学、全面的教育质量观要持续发挥教育质量评价的价值和作用,要建立完善的学生全息智能质量结果报告体系,针对阅读对象和用途的不同,撰写不同类型的评价结果报告,包括面向教育行政部门的政策咨询报告、面向学科教研员和教师的教学诊断报告、面向社会公众的质量年报等。

在确保科学性的前提下,增强报告的通俗性和可读性。对于社会大众关心的一些教育热点问题,可通过对学生全息智能数据的分析和专题结果的发布,揭示客观教育规律,以扭转社会上存在的一些教育认识、人才评价的误区。同时,要有专业力量对学生全息智能评价数据结果进行科学分析和解读,帮助社会公众更好地理解评价结果,[1]如不仅要关注学生学业成绩,还应该关注学生身心全面发展;不仅要关注结果,还应该关注社会、学校、家庭、个体等方面的影响过程等。通过加强对学生全息智能评价结果的使用和宣传,不断提高社会公众对学生全息智能评价的认知度和接受度,在全社会普及科学、全面的教育质量观。

应充分坚持结果导向的教育质量观,建立学生全息智能评价结果公示、政府约谈、限期整改、效果追踪及问责制度。要使学生全息智能评价真正发

---

1 李勉,刘春晖.国家义务教育质量监测:素质教育实施的制度突破口[J].中国教育学刊,2016(12):19-22,28.

挥作用并引起各级教育部门的重视,就必须将各级各类学生的全息智能评价列为一项刚性的国家教育质量评价制度,使学生全息智能评价对各级政府和学校的办学行为起到引领、诊断、督促和监管作用。要将教育质量评价结果作为上级政府督导下级政府的重要内容,作为考核领导干部政绩的重要方面,并要建立与此相配套的奖惩制度、约谈制度和限期整改制度,扭转"唯分数论"的顽瘴痼疾。学生全息智能评价印证和显示办学效果好的地区和院校,推广其经验和做法,对还存在问题的地区和院校要约谈相关负责人,分析原因、要求其限期整改,并在规定时间内进行追踪评价、评估整改效果,对整改不力者要进行问责。要建立学生全息智能评价结果的信息公示、社会参与和监督制度,这一方面有利于促进国家教育质量信息公开,保障社会公众的知情权,另一方面也有利于吸纳社会力量积极参与学生全息智能评价。[1]

(四)做好学生全息智能评价工作保障

1.组织机构保障

由教育部牵头,联合国家教育督导委员会成立国家层面的学生全息智能评价专家委员会,作为国家开展学生全息智能评价的政策咨询、评价督导机构。各省市成立学生全息智能评价委员会,负责辖区内学生全息智能评价督导监控。各级各类教育主管部门,负责具体落实辖区内学生全息智能评价实施。指导学校建立学生全息智能评价校级专门机构,接受主管部门和专业评价组织的支持,构建学生全息智能评价硬件、软件终端,形成能够支撑学生全息智能评价信息收集的网络覆盖条件,无缝对接学生全息智能评价工作开展的要求。

2.评价队伍保障

在机构组建基础上,通过发布公开文件、申报遴选的方式,建立学生全

---

[1] 李勉,刘春晖.国家义务教育质量监测:素质教育实施的制度突破口[J].中国教育学刊,2016(12):19-22,28.

息智能评价专家队伍、工作队伍,并对学生全息智能评价人员进行系统全面实操培训,通过过程考核,形成学生全息智能评价队伍动态管理机制,保障评价工作水平。

3.工作经费保障

基于学生全息智能评价的公益性质,按照教育财政性经费统筹安排原则,落实学生全息智能评价工作经费保障,形成学生全息智能评价经费管理制度,做到专款专用、专账管理。各学校采取以奖代补的形式,通过学生全息智能评价结果考评,形成常态化的经费拨付制度。

4.信息化条件保障

学生全息智能评价基于"云物大智"智能化、信息化技术手段,对软硬件要求极高,所以,国家应牵头加大投入,统一研制"学生全息智能评价智能化系统",待软件开发成熟之时,全面测算和部署硬件终端,形成"软件在前,硬件在后,试点在前,全面在后"的推进策略,做到物尽其用。

5.制度机制保障

按照学生全息智能评价实施过程,在研制学生全息智能评价实施细则、构建学生全息智能评价制度体系、畅通学生全息智能评价运行机制、做好学生全息智能评价质量监控的基础上,要不断强化制度机制的运行通畅性,用信息化技术提升学生全息智能评价政策、信息、数据运行效率。

6.舆论宣传保障

学生全息智能评价是面向"2035"的考试招生制度改革,是一项新事业、一个新事物,社会各界难免不适应。需要加强体制内外、面向社会各界的政策宣传和解读,在不同领域、层级达到思想统一,保障学生全息智能评价的顺利展开。

二、运行管理

(一)硬件平台的运行管理方式

基于"云物大智"构建的学生全息智能评价系统(图6-1)主要由学生数据信息采集系统、学生数据存储系统、学生数据评价系统三个方面组成。学生全息智能评价系统应该由国家教育主管部门或者省级教育主管部门统一规划、统一使用、统一管理。学生数据信息采集系统应由各专业人员负责管理,负责收集数据。学校通过各类信息终端收集学生课堂内外、正式学习环境和非正式学习环境、线下学习和线上学习等相关数据,并对信息收集终端进行管理和维护。

学生数据存储系统应由省级主管部门统一管理,其数据的存储、分析、维护可以交由第三方大数据、云技术相关领域的科技公司来统一运营与维护。学生数据评价系统也应由省级主管部门统一管理与维护。学校、家长、学生、企业通过管理账户登录平台查看相关数据和评价结果。

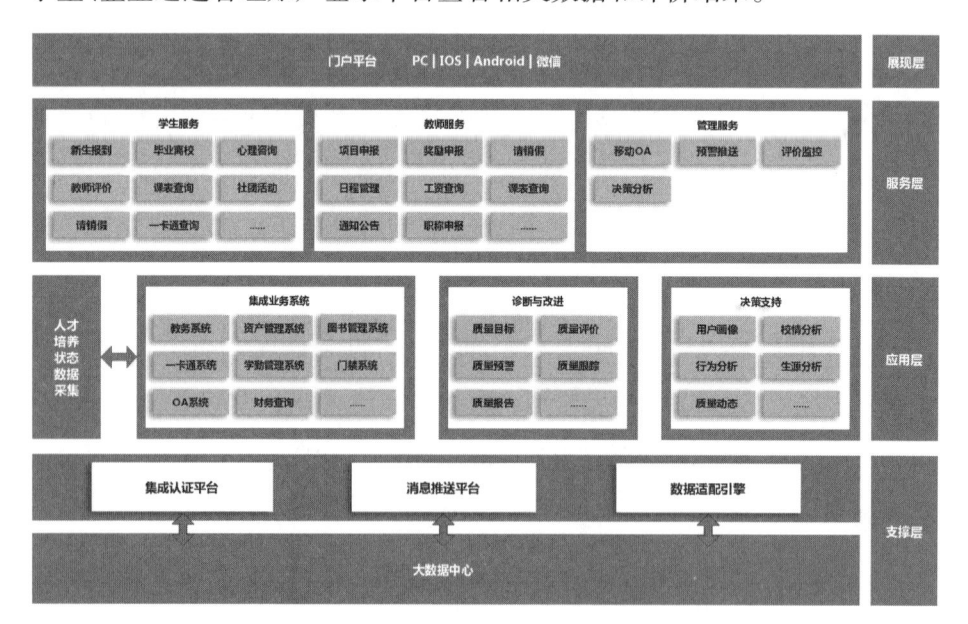

图6-1 全息智能评价系统平台设计思路图

(二)评价数据的管理方式

1.数据收集

学生全息智能评价系统最基础的问题就是获取到大量、客观、真实、动态、有效的数据信息。收集学生课堂内外、正式学习环境和非正式学习环境、线下学习和线上学习等所有相关数据。随后,建立学习内容、学习活动、操作行为、生涯以及学习者或教师参数数据五方面的数据采集模型;并采用Experience API(简称xAPI)数据采集标准,把不同来源的异构数据合并成一种格式,并且可以跨平台捕获和交换分析数据,为客观合理地采集动态生成性数据提供了一个标准框架体系。[1]

2.数据存储

学生全息智能评价系统采集所有原始数据,采取数据交换方式将业务数据采集进入大数据中心交换临时存储区,大数据中心平台从交换临时存储区将结构化数据、半结构化数据和非结构化数据经过ETL[将数据从来源端经过抽取(extract)、转换(transform),加载(load)至目的端的过程]后存放到主数据库、数据仓库、数据推送、数据安全、数据应用等多个复杂的子项。全息智能评价系统将采用"元学习"方法,来储存和分析数据,从而提升学生全息智能评价系统数据自动标注的成功率,提升样本稀疏领域的模型准确率。

在学生全息智能评价系统各领域数据集上分别搭建卷积神经网络深度学习模型,分析学生数据在特征层和决策层的调整变化和迁移特性;以此为基础提出增强逐层微调梯度下降方法,在神经网络反向传播的梯度参数上加上元学习因子 a_n,使得神经传统的梯度下降学习具有可调性,具备模型在不同领域间的学习能力;在此基础上利用元学习方法,将数据充分训练好的神经网络参数作为元参数初始量进行训练,在神经网络梯度下降过程中加

---

[1] 王冬青,韩后,邱美玲,等.基于情境感知的智慧课堂动态生成性数据采集方法与模型[J].电化教育研究,2018,39(05):26-32.

上元学习因子 a_n 的影响,把不同领域迁移学习的步数和精度构成损失函数,采用多对领域相关数据集进行训练,从而得到领域间最具迁移学习能力的元学习方法。基于交互可视化的跨领域数据挖掘可视化关键技术等几类技术研发攻关,形成技术实现方案。

3. 过程管理

学生全息智能评价系统的过程管理主要涉及系统评价结果的生成方式以及评价结果的反馈方式。需要加强数据采集前期准备、采集过程、数据分析和结果生成的"三全"管理。

(三)评价结果的生成方式

学生全息智能评价系统要实现全过程、全方位、多层面地对学生的成长背景、日常行为表现、学科考试成绩、心理测评结果、认知诊断结果、生理健康指标等各项数据进行动态、自动采集,须考虑到评价因素众多,评价指标与评价结果存在着复杂的非线性关系的问题。学生全息智能评价系统将采用以人工神经网络和遗传算法为基础的人工智能技术对学生进行评价。该评价方式具有强大的处理非线性信息的能力,通过输入样本的学习,按照深度强化学习的技术原理,进行智能、动态、自动化的分析,探求数据中内在规律,建立输入输出之间的映射关系,从而得出客观可靠的评价结果。

(四)评价结果的反馈方式

学生全息智能评价系统生成评价结果以后,要通过一定方式反馈给使用者,学生全息智能评价是全方位、全过程的,针对不同的对象有不同的内容反馈,且不同的对象对自己的需求无法准确描述的特点。学生全息智能评价系统采用组合反馈的方法,一方面帮助用户发现对自己有价值的信息,另一方面让信息能够展现在对他感兴趣的人群中,从而实现信息提供商与用户的双赢;在这个方面需要进一步结合国家和各省市最终建立的报告发布制度进行规定和细化。[1]

三、风险防控

学生全息智能评价系统对各项数据进行动态自动采集、智能分析、智能反馈,描绘出学生的全面发展轨迹,不仅有利于学生自我改进提高、教师因材施教和促进家校共育,还有利于教育主管部门对教育教学质量进行监控,有利于对教师教学能力水平、学校管理能力进行评价,也有利于招生录取和人才需求达到平衡等。系统数据庞大复杂、系统运行硬软件要求高、应用参与人员多、覆盖地理范围广以及这些数据结果的重要性容易导致信用缺失、隐私保护等风险。

(一)评价系统运行基础风险管控

学生全息智能评价系统是硬件、软件、通信、安全、数据、存储、计算为一体的复杂应用系统,涉及面广、专业技术复杂,任何一项都将影响信息系统正常运行,风险点多。解决办法为:

1.组建高效运营团队

学生全息智能评价系统需要结合实际情况采集大量的数据子项,需要根据用户需求以及反馈效率来持续优化运维服务,项目建设需要大量的数据服务人员。学生全息智能评价系统平台运行涉及网络通信与网络安全保障、数据采集集成与清洗、服务器与存储硬件运行、数据分析与可视化、数据应用、灾容备份与恢复等多个业务,各业务技术之间相互渗透、相互融合,需要全面统筹、专业运维,通过建立团队来解决学生全息智能评价系统的高效运行问题与提供数据服务。

---

[1] 鲁权.基于协同过滤模型与隐语义模型的推荐系统研究与实现[D].长沙:湖南大学,2013:25.

2.确保数据存放物理安全

按照国家信息系统等级保护要求,采用专业机房存放信息系统和灾备装置,做到防火、防水、防静电、防雷击、防鼠害、防辐射、防盗窃等。针对平台的部署,发布私有云,添加服务器负载均衡硬件、数据库服务器硬件、Web前端和存储资源灾备硬件等。

3.做好系统及通信安全保障

通过防火墙、防病毒、入侵检测、入侵防御、漏洞扫描、安全审计等多种技术,应用态势感知系统对系统运行状态进行实时监测、监控和统计,做好安全事件分析,及时打"补丁"防攻击,更新防病毒软件,保障系统网络安全高效运行。

4.畅通通信出口的保障

通过电信、联通、移动、教育网等多ISP(互联网服务提供商)多线路接入,为平台系统提供多出口,做好链路冗余、负载,提高系统网络通信应用的可靠性,系统出口带宽均2Gbit/s以上,保障信息系统实时在网运行;还可以运营租用云机柜或者整体托管在电信云上。

5.明确数据安全及应急保障

可通过提供增量、差异、完全备份相融合的灾备方式,提供本地异地的数据灾备,保证数据机密、完整、可用和数据的迁移备份,以提高系统与网络的使用效率和数据管理水平。通过建立灾难预防、灾难演习及灾难恢复制度,在灾难产生时能在短时间内恢复系统。

(二)评价数据信用缺失风险管控

定性评价产生的部分数据失真容易降低评价准确性,影响评价系统功能和价值实现,导致结果应用出现偏差。其解决建议为:

1.构建管理机制。

省市教育主管单位统筹,通过法律法规、制定政策、建立诚信档案、人员素养培养等方式约束和宣贯教育。针对教育教学人员、教育管理人员从制度设计上指定专人负责,不定时抽查,强化规范执行,降低人为使用风险。

2.提升技术手段。

技术手段上通过制定评价系统可分层设计并管理评价主体的权限,保障多个评价主体的评价权力和数据使用权力,通过用户权迫使用户按照各自的评价任务与责任深度参与评价过程,根据数据使用权限,确定数据使用范围深度,将定性与定量深度融合,从而降低风险。[1]

(三)评价系统应用效率风险管控

学生全息智能评价系统应用覆盖面广、规模庞大、应用人员多,使用者(操作人员、教师、学生、招录单位、用人单位等)的信息化素养不高导致系统使用效率较低。系统推荐和反馈的结果匹配符合度不够高而导致应用系统效率低。基于此,提出以下两点建议:

1.建立数据治理的制度体系。

通过持续数据治理结合已经建立的制度体系、监督考核方式,督促数据使用单位以及个人明确和完善具体需求,避免模糊化数据的目标与应用,以提高数据应用的准确性,降低评价数据结果使用不足而导致应用效率低的风险。

2.建立信息化素养培训机制。

针对评价系统不同使用主体,制定评价信息化能力提升培训制度,构建常态化评价实践人员信息化素养提升培养培训体系,不断提升评价工作水平。

(四)评价系统信息泄露风险管控

学生全息智能评价系统信息数据庞大、全面,包含所有的学生、教师、家

---

[1] 杨鸿,朱德全,宋乃庆,等.大数据时代学生综合素质评价:方法论、价值与实践导向[J].中国电化教育,2018(01):27-34.

长、招录人员、招录单位以及多个管理单位和应用机构的数据信息。数据应用结果的全面性和信息系统应用人员的复杂性，以及各个环节和网络被攻击都会导致信息泄露风险，有内部原因也有外部原因，有主观原因也有客观原因。基于此提出3点建议：

1.建立信息安全管理体系。

按照国际标准ISO27000和国家信息安全等级保护要求建立信息安全体系，构建新型安全岗位职责和工作人员责任制度体系，提高各类评价工作的规范性。

2.构建全面安全技术体系。

采用态势感知、区块链技术，以安全检测为核心，以事件关联分析、态势威胁情报为重点，以可视化为特色，以可靠服务为保障，采用分布式数据存储、点对点传输、共识机制、加密算法等计算机技术，实现数据去中心化，对每个数据块进行密码学方法加密，推进数据使用交换以批次信息为单位，验证评价数据有效性，及同步生成下一个区块数据。针对面临的外部攻击和内部潜在风险进行深度检测，提供及时的安全警告。通过海量数据多维度分析、及时预警，对威胁及时做出智能处置，实现安全态势可知、可见、可控的闭环。

3.形成敏感信息加密策略。

对个人的敏感信息进行加密处理，在进行定性分析上只分析普通数据；在定量分析时，基于PKI（公钥基础设施）体系，可以对员工分组管理，分组管理既可以实现部门之间的相互隔离，也可以实现部门之间的相互共享、无障碍交流，杜绝了非授权用户查阅使用受控文件。管理员针对单个用户组或计算机组启用加密文件隔离设置，启用以后，本部门的加密文件只能在所属本部门的客户端机器上打开，其他部门无法打开该部门的加密文件。当某些报表需要给其他部门领导查看时，便可以选中加密的报表，"申请共享"

指定共享给的计算机或用户,共享成功以后,授权的计算机或用户便可以打开并编辑共享的加密文件。通过用户密码制作密钥加密关键信息,密码通过散列加密,只做判断、不能解密,用户需要读取关键信息时先输入密码验证,验证通过拿密码去解密数据。流程化的解密、外发、共享等审批管理,支持实现单人单级、多人多级等各种复杂的审批流程,另有手动解密、邮件白名单等灵活功能。针对申请(解密、共享、外发)的文件,DSE(数字交换单元)提供多级审批策略,管理员首先配置审批策略,可以增加多级审批人,每级可以设置单人审批也可以设置多人审批,多级审批人全部审批通过,文件方可解密、共享或外发。[1]

---

[1] 方昊.企业网络中的内网安全管理[J].信息与电脑(理论版),2018(01):175-176,179.

第七章

政策保障

在"互联网+"、人工智能发展以及教育评价改革的背景下,研究提出"学生全息智能评价",既是教育评价对新时代新阶段发展做出的回应,又是对《中国教育现代化2035》关于"加快信息化时代教育变革"要求的落实,更是推动全面贯彻党的教育方针、全面实施素质教育、落实立德树人根本任务的重要举措,是引导社会和家长树立科学的教育质量观、营造良好育人环境的迫切需要,是基本实现教育现代化的必然要求。然而,"学生全息智能评价"构想的真正落地,需要国家专项政策支撑、配套政策支持,为此,本章从政策基础、政策障碍、政策保障三方面阐述,旨在为未来学生全息智能评价相关政策的出台,进行政策依据分析和政策建议方面的准备。

一、政策基础

(一)国外政策基础

1. 美国等发达国家已经开始利用AI赋能教育

人工智能、大数据、云计算、物联网等新技术正在引发人类社会第四次工业革命,也不断冲击着经济、教育、科技、能源、医疗等各个领域。世界各国正积极采取措施,应对AI时代的激烈竞争。2016年美国率先发布了《为人工智能的未来做准备》《国家人工智能研究与发展战略规划》等报告;2017年初起,英国连续推出《人工智能:未来的决策机会与影响》《在英国发展人工智能》等报告;法国也发布了《国家人工智能战略》《人工智能战略》等报告。2018年和2019年欧盟相继发布了《欧盟人工智能》和《人工智能伦理准则》。在亚洲,日本和韩国分别提出了《人工智能技术战略》和《人工智能发展战略》。在各国的报告或计划中,除了介绍AI发展现状、AI潜在应用、AI技术进步引发的社会问题以及相关应对策略和措施外,还指出,利用AI赋能教育同时让教育为AI发展培养人才,是各国的一个重要策略。

以美国为例,美国为了应对AI的发展,在《为人工智能的未来做准备》中,提及"人工智能相关知识和教育培训越发成为联邦科学、技术、工程学和数学教育计划的强调重点",人工智能教育是美国总统倡导的"全民计算机科学行动计划"的一部分,而这个行动目标是让从幼儿园到中学的所有美国学生学习计算机科学,进而具备当前这个技术推动世界所需的计算思维能力。在《国家人工智能研究与发展战略规划》中,美国将改善教育机会和生活质量纳入利用人工智能的国家优先发展事项,通过制定专有学习计划的虚拟导师来实现终身学习,每个人根据兴趣、能力和教育需求进行自我挑战和参与其中,换而言之,利用AI实现自动化辅导和衡量学生发展,实现面授教师因材施教,促进终身学习并让所有社会成员获取新技能。此外,2018年,美国还在白宫召开了"人工智能峰会",强调用STEM(科学、技术、工程和数学四门学科英文首字母的缩写)教育、培训和终身学习等途径培养人工智能新型人才。发展AI教育已成为大数据时代、人工智能时代的趋势,值得注意的是各国在智能教育发展初期,虽未直接在报告中提出智能教育评价,但这并不妨碍未来各国都将发展智能教育评价作为提升本国教育质量和国际竞争力的重要措施,更何况美国已经开始利用AI衡量学生发展。

2.联合国教科文组织非常重视"人工智能+教育"

作为全球最具权威性的大型国际文化组织——联合国教科文组织,也非常重视"人工智能+教育"的发展趋势与影响。2019年3月,联合国教科文组织发布了《教育中的人工智能》报告,成为世界各国进行"人工智能+教育"变革的驱动力与新指南。该报告以促进教育的个性化、公平性和包容性,驱动教育管理步入全新的轨道,以及帮助学生为"就业革命"做好准备作为战略目标,从构建人工智能时代的教育生态系统、建设与发展教育科学中的人工智能、开发与利用教育大数据三条路径,指导各国政策制定者、教育者、相关研究人员、教育企业等开展"人工智能+教育"实践。

同年5月,联合国教科文组织在北京召开了首届人工智能与教育大会,会议主题为"规划人工智能时代的教育:引领与跨越",100多个国家、10余个国际组织的500多位代表与会,并形成成果文件(Beijing Consensus on Artificial Intelligence and Education),即《北京共识——人工智能与教育》(简称《北京共识》)。这是联合国教科文组织发布的第一份关于人工智能与教育的重要文件,主要围绕10个议题规划人工智能时代的教育,分别是政策制定、教育管理、教学与教师、学习与评价、价值观与能力培养、终身学习机会、平等与包容的使用、性别平等、伦理问题、研究与监测。[1]《北京共识》形成了国际社会对智能时代教育发展的共同愿景。此次大会也讨论了监测评估相关内容,考虑开发监测和评估机制,衡量人工智能对教育、教学和学习产生的影响,以便为决策提供可靠和坚实的证据基础。未来教育监测评估与人工智能深度融合,是教育发展的趋势之一。

以美国为代表的发达国家和联合国教科文组织发布的相关报告,都反映了未来教育发展的趋势——利用现代技术发展"人工智能+教育"。未来我国教育评价智能发展需要顺应国际智能教育时代发展趋势,学习借鉴世

---

[1] 张慧,黄荣怀,李冀红,等.规划人工智能时代的教育:引领与跨越——解读国际人工智能与教育大会成果文件《北京共识》[J].现代远程教育研究,2019,31(03):3-11.

界智能教育发展的先进经验,同时,不仅要出台发展智能教育的相关政策,更要制定智能教育评价直接相关的支持政策,在激励的国际竞争中抢占领先位置,争取早日促进我国建成现代化强国、学习大国,在2035年前跻身教育强国行列。

(二)国内政策基础

1.智能教育相关政策

2015年,《国务院关于积极推进"互联网+"行动的指导意见》(国发〔2015〕40号)要求,顺应世界"互联网+"发展趋势,加快基于互联网的教育服务,探索新型教育服务供给方式。鼓励学校利用数字教育资源及教育服务平台,逐步探索网络化教育新模式,扩大优质教育资源覆盖面,促进教育公平。鼓励学校通过与互联网企业合作等方式,对接线上线下教育资源,探索基础教育、职业教育等教育公共服务新方式。2016年,《"互联网+"人工智能三年行动实施方案》(发改高技〔2016〕1078号)提出,支持教育等重点领域开展人工智能应用试点示范,推动人工智能规模化应用。

2017年,人工智能发展进入新阶段,人工智能成为国际竞争的新焦点,成为经济发展的新引擎,既为社会建设带来了新机遇,也因发展的不确定性带来了挑战。《国家教育事业发展"十三五"规划》提出,要"综合利用互联网、大数据、人工智能和虚拟现实技术探索未来教育教学新模式"。同年,国务院发布的《新一代人工智能发展规划》(国发〔2017〕35号),首次提出"智能教育",要求利用智能技术加快推动人才培养模式、教学方法改革,构建包含智能学习、交互式学习的新型教育体系;开展智能校园建设,推动人工智能在教学、管理、资源建设等全流程应用;开发立体综合教学场、基于大数据智能的在线学习教育平台;开发智能教育助理,建立智能、快速、全面的教育分析系统;建立以学习者为中心的教育环境,提供精准推送的教育服务,实现日常教育和终身教育定制化。

2018年,教育部颁布《高等学校人工智能创新行动计划》(教技〔2018〕3号)(下简称《计划》)从科研、人才培养、成果转化三方面对高校做出要求。其中,在智能教育方面,《计划》不仅要求"推动学校教育教学变革,在数字校园的基础上向智能校园演进,构建技术赋能的教学环境,探索基于人工智能的新教学模式,重构教学流程",而且"运用人工智能开展教学过程监测、学情分析和学业水平诊断,建立基于大数据的多维度综合性智能评价,精准评估教与学的绩效,实现因材施教";还构想"推动终身在线学习,鼓励发展以学习者为中心的智能化学习平台,提供丰富的个性化学习资源,创新服务供给模式,实现终身教育定制化"。2019年1月,教育部教育装备研究与发展中心与北京、武汉、广州、西安、深圳五地教科院所等单位,在北京联合发布的《中小学人工智能教育装备》、《中小学人工智能教育装备配备方案》、《中小学人工智能课程指南(3—8年级)》和《中小学人工智能学生用书(3—8年级)》四项研究成果,开了中小学人工智能教育先河。教—学—评各环节与人工智能全面融合的发展,为教育评价智能发展尤其是未来全息智能评价落地提供了有力的政策支撑。

2.教育现代化相关政策

21世纪谁掌握了教育,谁就能在21世纪的国际竞争中处于战略主动地位。信息技术对教育发展具有革命性影响,必须予以高度重视。2010年,《国家中长期教育改革和发展规划纲要(2010—2020年)》(以下简称《纲要》)强调,"把教育信息化纳入国家信息化发展整体战略,超前部署教育信息网络。到2020年,基本建成覆盖城乡各级各类学校的教育信息化体系,促进教育内容、教学手段和方法现代化。"同时,加强优质教育资源开发与应用,强化对信息技术的应用。《纲要》是教育信息化的总体部署。2012年,《教育信息化十年发展规划(2011—2020年)》(教技〔2012〕5号)(以下简称《规划》)强调,以教育信息化带动教育现代化,推进信息技术与教育教学深度融合,实现教育思想、理念、方法和手段全方位创新,对于提高教育质量、促进教育公平、构建学习型社会和人力资源强国具有重大意义。《规划》也强调,利用信息技术,建立覆盖全体学生的电子档案系统,做好学生成长记录与综合素质评价,并根据需要为社会管理和公共服务提供支持,完善国家教育考试评价综合信息化平台,支持考试招生制度改革,以提高教育管理公共服务质量与水平。

教育信息化是教育现代化的基本内涵和显著特征,具有突破时空限制、快速复制传播、呈现手段丰富的独特优势,必将成为促进教育公平、提高教育质量的有效手段,成为构建泛在学习环境、实现全民终身学习的有力支撑,带来教育科学决策和综合治理能力的大幅提高。以教育信息化支撑引领教育现代化,是新时代我国教育改革发展的战略选择,党的十九大作出了中国特色社会主义进入新时代的重大判断,开启了加快教育现代化、建设教育强国的新征程。2018年,教育部发布的《教育信息化2.0行动计划》(教技〔2018〕6号),是推进"互联网+教育"的具体实施计划,是充分激发信息技术革命性影响的关键举措,是加快实现教育现代化的有效途径,标志着教育信息化从1.0时代进入2.0时代。2.0行动计划提出"围绕加快教育现代化和建设教育强国新征程,落实立德树人根本任务,因应信息技术特别是智能技术的发展,积极推进'互联网+教育',坚持信息技术与教育教学深度融合的核心理念,坚持应用驱动和机制创新的基本方针,建立健全教育信息化可持续发展机制,构建网络化、数字化、智能化、个性化、终身化的教育体系,建设人人皆学、处处能学、时时可学的学习型社会",为教育评价智能发展指出了方向。

2019年2月,中共中央、国务院印发的《中国教育现代化2035》,提出了推进教育现代化的八大基本理念,即更加注重以德为先,更加注重全面发展,更加注重面向人人,更加注重终身学习,更加注重因材施教,更加注重知行合一,更加注重融合发展,更加注重共建共享。同时,《中国教育现代化2035》明确了面向教育现代化的十大战略任务之一,要求加快信息化时代教育变革,建设智能化校园,统筹建设一体化智能化教学、管理与服务平台,利用现代技术加快推动人才培养模式改革,实现规模化教育与个性化培养的有机结合;要求创新教育服务业态,建立数字教育资源共建共享机制……,加快形成现代化的教育管理与监测体系,推进管理精准化和决策科学化。这为智能教育评价的提出奠定了基础。智能教育评价是对《中国教育现代化2035》理念精神的贯彻。

3. 教育评价改革相关政策

(1)抓撬动点的探索改革

十一届三中全会后,我国高考制度恢复,教育改革逐步展开,我国教育事业取得了显著成就。同时,必须看到我国教育在总体上还比较落后、教育质量水平不高,不能适应加快改革开放和现代化建设的需要。为培养面向现代化、面向世界、面向未来的人才,培养德智体美劳全面发展的社会主义建设者和接班人,全面提升教育质量水平,1993年,中共中央、国务院颁布的《中国教育改革和发展纲要》(中发〔1993〕3号)明确规定"建立各级各类教育的质量标准和评估指标体系。各地教育部门要把检查评估学校教育质量作为一项经常性的任务"。教育评价成为我国教育部门一项法规性的经常性活动。《中国教育改革和发展纲要》也提出,"要逐步改革和完善升学考试制度,稳步推进小学毕业生就近入学、初中毕业生升学考试、高中毕业会考和高考制度的改革"。考试评价是教育评价改革的撬动点。1999年,《中共中央国务院关于深化教育改革全面推进素质教育的决定》(中发〔1999〕9号)提出"加快改革招生考试和评价制度,改变'一次考试定终身'的状况",基本规定了考试评价改革的方向,如"高考科目设置和内容的改革应进一步突出对能力和综合素质的考查","采取多种形式改革高中阶段学校的招生办法",

教育评价改革进一步提上日程。

(2)破关键点的方法革新

21世纪第一个十年,素质教育全面推进,国务院颁布的《关于基础教育改革与发展的决定》(国发〔2001〕21号)明确要求,"改革考试评价和招生选拔制度。探索科学的评价办法,发现和发展学生的潜能,帮助学生树立自信心,促进学生积极主动地发展。改革考试内容和方法,小学成绩评定应实行等级制;中学部分学科实行开卷考试,重视实验操作能力考查。学校和教师不得公布学生考试成绩和按考试结果公开排队。推动各地积极改革省级普通高中毕业会考。要按照有助于高等学校选拔人才、有助于中学实施素质教育、有助于扩大高等学校办学自主权的原则,加强对学生能力和素质的考查,改革高等学校招生考试内容,探索多次机会、双向选择、综合评价的考试、选拔方式,推进高等学校招生考试和选拔制度改革"。2002年,教育部发布《教育部关于积极推进中小学评价与考试制度改革的通知》(教基〔2002〕26号)(下简称《通知》),首次系统架构了我国中小学评价体系(以促进学生发展为目标的评价体系、有利于促进教师职业道德和专业水平提高的评价体系、有利于提高学校教育质量的评价体系),规定了中小学评价和考试制度改革的基本原则,要求评价方法多样。至此,教育评价改革在目的、内容、方法方面都有了较为明确的探索方向,我国开始探索改变长期以来以"分数""升学率"为主的结果性、选拔性、甄别性评价。2005年,《教育部关于基础教育课程改革实验区初中毕业考试与普通高中招生制度改革的指导意见》(教基〔2005〕2号)(下简称《意见》)第一次提出了"综合素质评价",并规定了综合素质评价的内容要以《通知》中提出的道德品质、公民素养、学习能力、交流与合作、运动与健康、审美与表现等六个方面的基础性发展目标为基本依据;评价方法要将自评与互评结合、综合性评语与等级评价结合;评价结果要作为衡量学生是否达到初中毕业标准和高中阶段学校招生标准的重要依据。综合素质评价的提出打破了传统的以升学考试科目分数简单相加作为唯一录取标准的做法,是我国教育评价改革的重要突破。值得注意的是,《意见》在首次提出"综合素质评价"的同时,还提出了"鼓励各地探索利用现代信息技术推进综合素质评价工作"。

(3)强转折点的质量深化

21世纪第二个十年,《国家中长期教育改革和发展规划纲要(2010—2020年)》指出,"改进教育教学评价。根据培养目标和人才理念,建立科学、多样的评价标准。开展由政府、学校、家长及社会各方面参与的教育质量评价活动。做好学生成长记录,完善综合素质评价。探索促进学生发展的多种评价方式,激励学生乐观向上、自主自立、努力成才"。国家对教育评价改革提出了新的要求,强调多元主体参与、多种方式评价。2013年,教育部颁布的《关于推进中小学教育质量综合评价改革的意见》(教基二〔2013〕2号),提出在科学的教育质量观的指导下,坚持育人为本、促进发展、科学规范、统筹协调、因地制宜的评价原则;提出"基本建立体现素质教育要求、以学生发展为核心、科学多元的中小学教育质量评价制度,切实扭转单纯以学生学业考试成绩和学校升学率评价中小学教育质量的倾向,促进学生全面发展、健康成长"。发布基于统一标准的《中小学教育质量综合评价指标框架(试行)》,强调"改变评价方式方法"和"正确应用评价结果",使我国教育质量评价由"单一"走向"综合",教育评价向科学、多元、综合方向发展。2014年,《国务院关于深化考试招生制度改革的实施意见》(国发〔2014〕35号),明确提出要"探索基于统一高考和高中学业水平考试成绩、参考综合素质评价的多元录取机制","规范高中学生综合素质评价",于2014年启动考试招生制度改革试点,2017年全面推进,到2020年基本建立中国特色现代教育考试招生制度,形成分类考试、综合评价、多元录取的考试招生模式,进一步肯定了综合素质评价在教育评价和招生考试制度中的作用和意义。

(4)创突破点的系统改革

2020年10月中共中央、国务院印发了《深化新时代教育评价改革总体方案》(下简称《总体方案》)。这是新中国第一个关于教育评价系统改革的文件,也是指导深化新时代教育评价改革的纲领性文件。《总体方案》提出,"改进结果评价,强化过程评价,探索增值评价,健全综合评价,充分利用信息技术,提高教育评价的科学性、专业性、客观性","创新评价工具,利用人工智能、大数据等现代信息技术,探索开展学生各年级学习情况全过程纵向评价、德智体美劳全要素横向评价"。人工智能与教育评价全方位、全过程融合将成为时代的新焦点,成为解决教育评价破"五唯"的突破点。从纵向来看,既整合了过程评价、结果评价,又包含了增值评价;从横向来看,也包括了德智体美劳全要素的综合评价:这为开展学生全息智能评价提供了有力的政策支撑。

二、实施障碍

学生全息智能评价的构建将实现教育评价的有效挖掘、精准测定、全面诊断、个性指导、有效预测、智慧反馈,助推我国教育评价事业的思维变革和技术创新。2017年,国务院发布《新一代人工智能发展规划》,明确"人工智能"成为国际竞争的焦点,首次提出"智能教育",利用智能技术加快构建包括智能学习、交互式学习的新型教育体系,建立以学习者为中心的教育环境,提供精准推送的教育服务,实现日常教育和终身教育定制化。2018年,教育部印发的《高等学校人工智能创新行动计划》提出,在中小学阶段引入人工智能普及教育。我国部分省市已经开始实施人工智能教育。同年,2019年,北京、武汉、广州、西安、深圳五地全面接受中小学人工智能教育试点。人工智能教育呈现出蓬勃发展之势,但是由于人工智能教育属于新生事物,任何事物的发展都是曲折性和前进性的统一,需要经过萌芽、发展、成熟等阶段。在人工智能教育发展的当前阶段,发展学生全息智能评价更是如此,其规范性、统一性、完整性的缺失是一种客观存在,需要理性认识到当前人工智能教育评价正面临着一系列的挑战。[1]

(一)顶层设计尚需建构

国家层面已经对学生开展人工智能教育评价提出了明确的要求。2020年10月,《总体方案》明确提出,"创新评价工具,利用人工智能、大数据等现代信息技术,探索开展学生各年级学习情况全过程纵向评价、德智体美劳全要素横向评价"。但是仍需要国家层面对智能教育评价政策做出总体性、引领性、规范性设计。从宏观层面看,智能教育评价尚未真正纳入省、市、县、校四级教育发展规划,在全国范围内组织开展学生智能评价所需要的经费、基础设施设备、复合型人才力量等缺乏,在一定程度上制约了智能教育评价的研发与普及。从微观层面看,智能教育评价作为新时代教育评价改革的一部分,是未来教育的指挥棒,评价的主体、目的、内容、程序、方法、结果应用与反馈需要更加规范的要求。以评价内容为例,如何构建具有系统的智适应功能的指标评价体系,采用哪些评价指标,才可能使得评价结果既能反映学生全面发展情况,又能呈现具有针对性、个性化的描述,这需要从政策层面作出整体架构。智能教育评价的具体实施细则依然缺少政策性依据。

(二)主体责任待需明晰

2017年中共中央办公厅、国务院印发的《关于深化教育体制机制改革意见》明确指出,当前我国教育改革发展已经进入一个新的阶段,要健全教育宏观管理体制,要完善教育标准体系,要建立健全教育评价制度,要建立标准健全、目标分层、多级评价、多元参与、学段完整的教育质量监测评估体

---

[1] 张珊珊,杜晓敏,张安然.中小学开展人工智能教育的挑战、重点和策略[J].中国电化教育,2020(11):67-72,96.

系。当前AI赋能教育,提供了教育评价提档升级的机会,智能教育评价可应运而生,实现"全面性"质量监测、"全员性"主体观照、"全方位性"数据搜集、"全域性"督导跟踪将指日可待。但问题是,智能教育评价从构想设计、研究论证、开发构建、试点运用到正式投入使用需要较长的时间,其间涉及不同的研究主体、开发主体、评价主体、管理主体以及其他参与主体等,具有受众群体类型丰富、数量庞大的特点,这是一项复杂的系统工程。这些参与主体的权限与责任边界是如何的,需要整体和系统的观点来思考与架构。以评价主体为例,全员主体参与,不仅仅包含学生主体,更包括政府教育主管部门、学校、教师、家长、社会群体、第三方专业评价机构等,使得未来教育评价明显不同于传统的教育评价,在智能教育评价中全员主体享有的权责利应如何规定,需要从政策面作统一规划。

(三)数据安全亟需立法

智能教育评价是基于数据的应用发展,数据是其发展的核心,各国教育部门都高度重视数据安全。在数据生命周期的收集、存储、加工、使用、传输、共享、公开等每一个环节,都可能存在危害数据安全的隐患。在未来全息智能评价一旦实现,各评价主体通过信息自动化技术搜集、处理、控制着海量的数据信息,涉及众多教育人员和师生的隐私。如果发生数据泄露,不仅影响智能教育和谐发展,也将会对社会稳定甚至国家安全产生巨大冲击。各国纷纷立法保护本国的数据,如美国的《国家安全与个人数据保护法(草案)》、欧盟的《通用数据保护条例》、印度的《个人数据保护法案》、巴西的《通用数据保护法》等。[1]2016年我国发布《网络安全法》,促进了我国经济社会信息化健康发展,但是我国《中华人民共和国数据安全法(草案)》《中华人民共和国个人信息保护法(草案)》尚未出台,仍在征集意见阶段,亟须上升至

---

1 林梓翰,郭丰.人工智能时代我国数据安全立法现状与影响研究[J].互联网天地,2020(09):20-25.

法律层面,才可能保证对未来评价数据的传输、存储及评价过程进行实时监控、风险预警和溯源追责。

(四)伦理基础还需加强

人工智能时代,海量数据与算法应运而生,人类社会与信息空间的界限进一步模糊,数据隐私、道德失范、伦理失控等问题日益凸显。2017年国务院印发的《新一代人工智能发展规划》明确提出,"人工智能发展的不确定性带来新挑战。人工智能是影响面广的颠覆性技术,可能带来改变就业结构、冲击法律与社会伦理、侵犯个人隐私、挑战国际关系准则等问题,将对政府管理、经济安全和社会稳定乃至全球治理产生深远影响"。因此,人工智能技术在为教育评价带来发展机遇的同时,也给教育评价带来了伦理风险。以人脸识别为例,如果人脸识别技术被犯罪分子破解,学生及其家庭的隐私、财产甚至人身安全都将面临巨大的威胁。除上述外,AI面对的伦理道德问题还有伪造和深度伪造,包含面部调换、声音模仿、面部重演及嘴唇同步等。[1]我国高度重视人工智能伦理,2019年中国人工智能产业发展联盟组织在相关部门的指导下,研究起草了《人工智能行业自律公约(征求意见稿)》,但该公约只是要求对人工智能在部分领域初步建立伦理规范,还不够成熟,未在全社会全领域形成共识。就新时代而言,发展人工智能教育评价需要加强我国人工智能的伦理建设,为教育评价实践中安全有效地利用人工智能奠定伦理道德基础。

三、机制保障

教育是民族振兴、社会进步的重要基石,是功在当代、利在千秋的德政工程。人工智能对教育评价改革影响深远,需要主动求变识变应变,未雨绸

---

[1] 李婵,季凌斌,周苏.AI背景下的伦理困境与解困之道[J].计算机教育,2020(11):161-164,169.

缪、主动谋划、抢占先机,牢牢把握人工智能发展的重大历史机遇,为学生全息智能评价营造良好政治生态环境。

(一)加强顶层设计

推进智能教育评价,应构建规则,加强顶层设计与战略引导,为智能教育评价发展制定专项政策,从制度层面提供保障。教育政策作为国家分配教育资源的行动依据与准则,是协调各方利益、满足各方诉求的基本途径。[1]在教育领域推行人工智能评价,加强顶层制度设计,有助于把控政策制定方向,有利于智能教育评价、学生全息智能评价成为现实,促进评价指挥棒真正发挥作用,推动教育高质量发展。第一,纳入教育发展规划,从国家到地方政府逐层逐级将智能教育评价纳入教育发展规划。第二,制定专项配套政策,从政策层面配套发展智能教育评价所需要的投入经费、基础设施设备、高精尖复合型人才等。第三,系统架构智能评价,明确规定智能教育评价的主体、目的、原则、内容、方式方法、具体操作程序、结果应用与反馈。第四,学习借鉴他国经验,我们要融通发达国家有关人工智能、人工智能教育、人工智能教育评价相关的战略规划,为我国智能教育评价发展提供借鉴。第五,试点先行与系统推进探索相结合,在全国范围内抽选人工智能发展较为成熟省市开展学生全息智能评价试点探索工作,将试点成功经验上升为制度和政策。人工智能教育评价只有相关配套政策出台,才能获得政策的发展支持和完善的制度支撑,才能朝着教育评价智能化方向迈进。

(二)促进多元参与

人工智能呈现出跨界融合、人际协同、群智开放等新特征,正改变人类生活、改变世界,需要更好地协调发展与治理的关系。2019年,国家新一代人工智能治理专业委员会发布《新一代人工智能治理原则——发展负责任

---

1 石火学,潘晨.教育政策和谐型博弈执行模式构建初探[J].现代教育管理,2019(10):60-65.

的人工智能》,提出了八点人工智能治理的原则,即和谐友好、公正公平、包容共享、尊重隐私、安全可控、共担责任、开放协作和敏捷治理。其中,共担责任、开放协作以及敏捷治理三点原则,实际上蕴含着人工智能治理多元参与的格局,人工智能教育评价发展亦是如此。一是多方参与主体需要明晰权责利,建立人工智能评价的问责机制,无论是政府这个统筹者、组织者、领导者以及政策制定者,还是其他参与主体如研究者、开发者、管理者、使用者、评价者、监督者,都需要清晰自己的权责利,在智能评价应用过程中确保知情权,告知可能的风险和影响。二是鼓励多元主体跨学科、跨领域、跨地区的交流合作,推动政府部门、科研机构、教育机构、企业、社会组织、公众在人工智能评价发展与治理中的协调互动。三是利用人工智能技术,不断优化治理机制,完善多元治理体系,构建社会、政府、学校多方共同参与教育治理的制度保障,实现教育治理现代化。这与《中国教育现代化2035》提出的"形成全社会共同参与的教育治理新格局"战略任务不谋而合。

(三)保障数据安全

大数据时代,数据安全是人工智能发展的瓶颈,需要分领域、多层次地推动与教育智能评价数据相关的政策法律法规的建立和完善。我国已经在构建数据安全法律保护体系,但有关法规尚未正式出台,如《中华人民共和国数据安全法(草案)》《中华人民共和国个人信息保护法(草案)》。因此,首要的是,加快数据安全立法,完善数据安全具体保障措施,加强数据安全监管与执法。其次,加强完善网络管理、信息管理、数据管理的法律法规,及时更新,及时弥补法律漏洞,做到防患于未然;再次,梳理已有的教育法律法规文件,增加人工智能教育评价数据发展安全的内容,可以借鉴数据安全法(草案)中数据安全与发展、数据安全制度、数据安全保护义务、数据安全与开放等相关条例内容,对学生全息智能教育评估数据安全作出具体规定。

最后，要有强有力的安全评估和监控机制，联合有效打击网络空间犯罪行为，为人工智能教育评价构建健康、安全、和谐发展的数据环境。

(四)夯实伦理基础

人工智能在实现美好生活、提升教育质量和促进道德教育等方面发挥着重要作用。习近平总书记强调，"要整合多学科力量，加强人工智能相关法律、伦理、社会问题研究，建立健全保障人工智能健康发展的法律法规、制度体系、伦理道德"。第一，以社会伦理的全新视角出发，重新审视人们的思维方式、价值观念和道德行为，建立智能教育与智能教育评价伦理守则，确保学生及相关人员的隐私得到保护，针对符号化、超地域性、隐匿性的社会关系，利用智能技术对违背教育伦理、评价伦理与法制的犯罪行为进行识别、监督与惩处[1]。第二，在政府、学校与社会之间形成跨行业、多方协同的伦理治理框架和合作机制，坚持育人为本、公开透明、安全可靠的原则，构建实时、动态、开放的教育评价生态圈。第三，在全社会全领域全主体中，加强智能教育和智能教育评价相关伦理宣传引导，促使人人知晓伦理、人人自觉遵守伦理。

---

[1] 陈磊,刘夏,高雪春.人工智能视域下教育治理的现实挑战与路径选择[J].中国教育科学,2020(06):24-30.

后记

HOUJI

有什么样的评价指挥棒,就有什么样的办学导向。2018年,习近平总书记在全国教育大会上指出,要"坚决克服唯分数、唯升学、唯文凭、唯论文、唯帽子的顽瘴痼疾,从根本上解决教育评价指挥棒问题",教育评价改革作为教育改革"最硬的一仗"被提上了议事日程。

受教育部委托,我们承担了2019年度教育部教育综合改革重大课题研究项目"学生全息智能评价——面向2035的考试招生改革框架体系研究"(19JGWT0006)。该课题研究旨在建构以促进学生终身成长为根本目的、以全面综合发展为基本标准、以学习成长全息数据为基础依托、以信息化智能化为重要手段的学生评价体系。

在课题研究过程中,2020年中共中央、国务院印发了《深化新时代教育评价改革总体方案》,该方案明确提出,"创新评价工具,利用人工智能、大数据等现代信息技术,探索开展学生各年级学习情况全过程纵向评价、德智体美劳全要素横向评价"。这为新时代学生评价改革指明了总体方向和路径。学生全息智能评价正是在这个方向和路径上探索的结果,在纵轴上不仅包含学生各年级学习情况整体性全过程,还包括全过程中的每个局部性过程节点;在横轴上不仅观照学生五育并举的整体性发展,还观照德智体美劳各个领域的局部性发展,是全方面、全过程、全价值链的评价。

本书是学生全息智能评价研究的框架性成果。课题组每一位成员都付出了艰辛的劳动。第一章由熊小婷、陈瑞生、程艳霞、殷新撰写;第二章由熊小婷、李永梅、李志辉撰写；第三章由陈瑞生、余长华、张会杰撰写；第四章由胡方、熊德雅、马建斌、汪华凌撰写；第五章由卢锦运、贾玲、杨婷婷、钟冬梅、陈洪余、万君、袁晓敏、谭必玉、何怀金撰写；第六章由黄承国、谢龙建、肖山、邹赛、宋海、周向宇、田淋风、尹克寒撰写；第七章由胡方、熊德雅、汪华凌、范涌峰撰写。主编刘云生参与了第一、二、三、五章的撰写，并对全书进行了统稿和审定。

在本书的策划与研究过程中，教育部综合改革司给予了悉心指导和热情帮助，司长刘自成、副司长王猛等同志亲自过问、面授方略，鼓励我们大胆探索。教育部教育发展研究中心彭斌柏主任亲临重庆市教育评估院予以了指导。中共重庆市委教育工委书记兼市教委主任黄政、中共重庆市委教育工委专职副书记覃正杰、中共重庆市委教育工委委员兼市教委专职督学莫龙飞等领导给予了深入指导。西南师范大学出版社高等教育分社郑持军社长、杜珍辉编辑对本书进行了专业的指导。同时，本书在撰写过程中还采用了国内外许多优秀同仁的研究材料或者吸收了他们的思想，在此一并表示感谢。

学生全息智能评价作为一种面向未来的学生评价解决方案，无论是理论研究，还是实践研究，当前均处于初级阶段，加之课题组学术水平有限，错漏在所难免，敬请广大读者批评指正。